だから陶芸はやめられない！

佐藤三津江　著

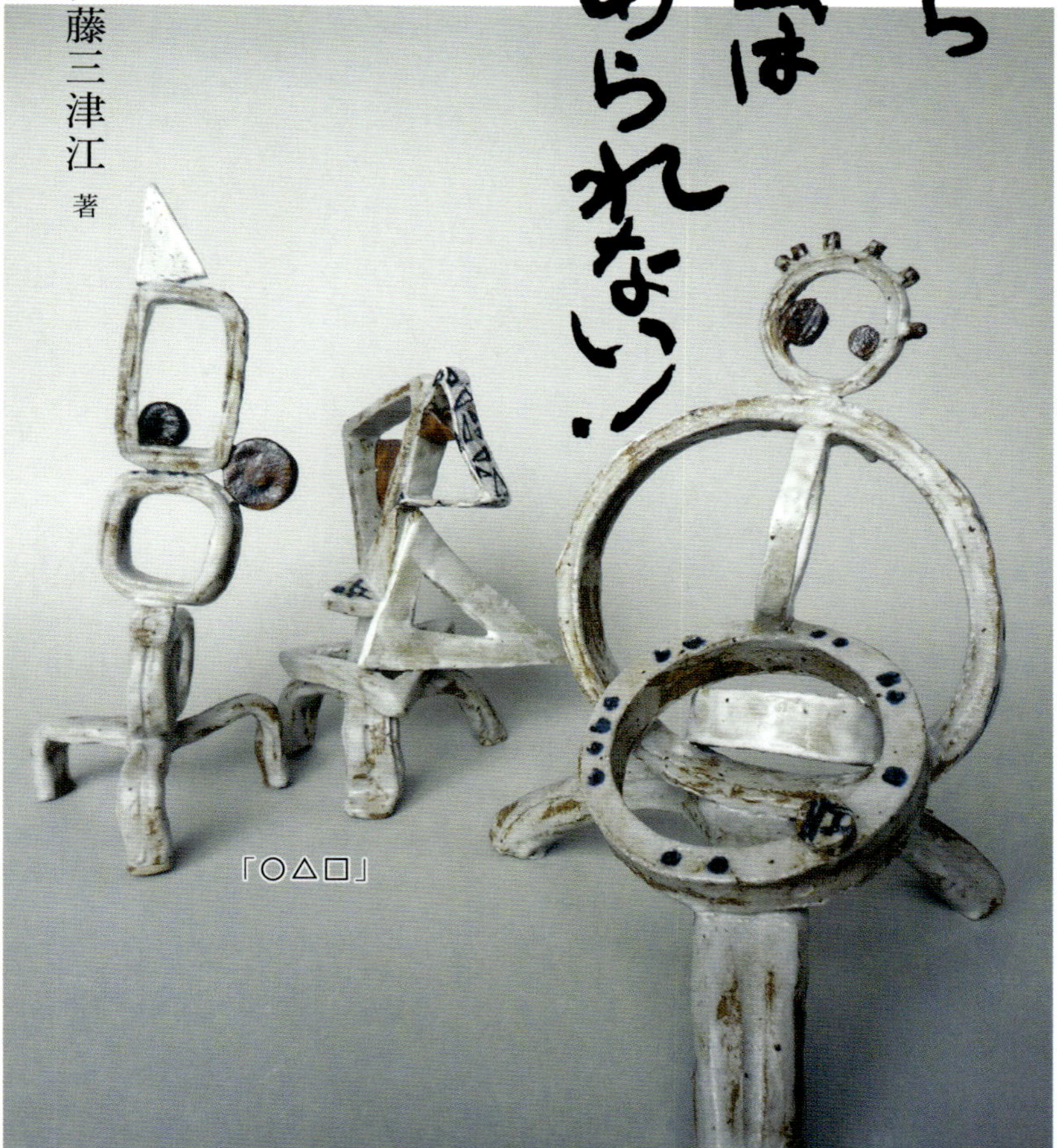

「○△□」

銀の鈴社

「ストーンズ」

「未確認生物」

「気まぐれ」

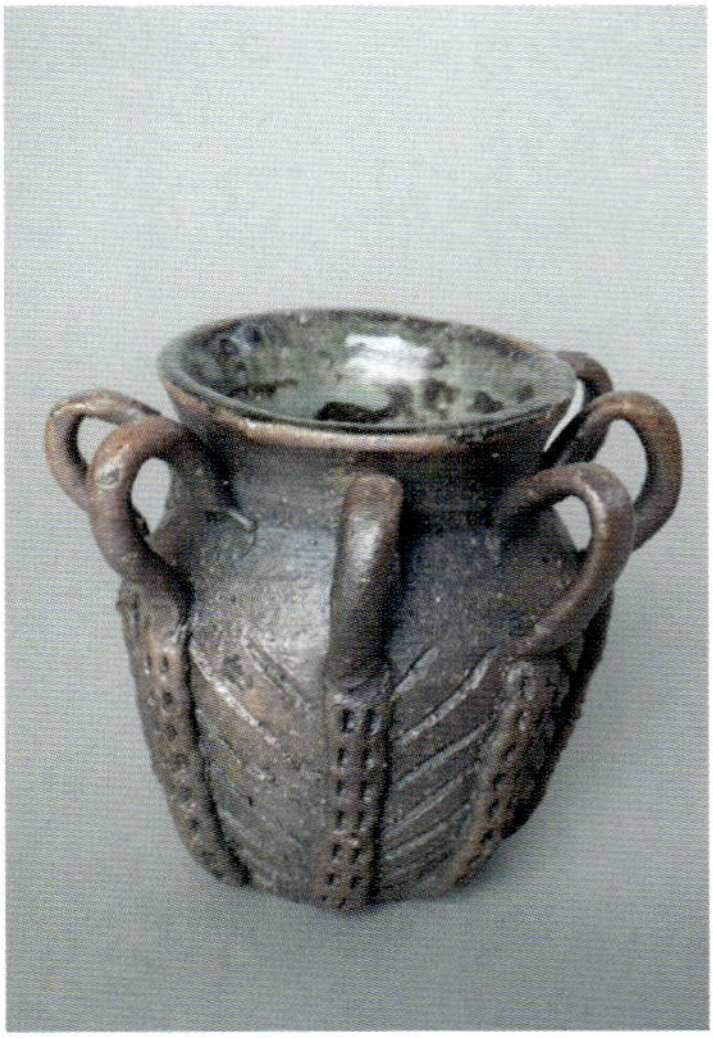

「古の・・・」

「街明かり」

「とってもいい?」

はじめに

陶芸は、古代から続いている
生活に必要不可欠な物作り

この本を手に取ってくださって、有り難うございます。

物作りが好き、特に土を使い何かを作り上げることが好きで、もうかれこれ三〇年以上は陶芸を続けてきました。東京の奥多摩で出会った器に魅せられた時は、この私が、陶芸の道に進むとは夢にも思いませんでした。今も続いているのは、陶芸の面白さ、不思議さなどを知り、その魅力にとりつかれたから。そして師や楽しい仲間たちに出会えたお陰だと感謝しています。

古代から人々は、狩猟で捕った動物や木の実、栽培した農作物を、保管したり、煮炊きしたりするのに土器を使っていました。今より文明が発達していないにもかかわらず、その作りや模様には驚かされます。

そんな古代から続いている焼き物作りを継承している一個人として、私が経験した陶芸の素晴らしさ、楽しさ、面白かったこと、失敗談などを、今携わっている人は勿論のこと、まだ陶芸を経験したことのない人たちにもお話ししたいと、この本を書きました。

陶芸は、習い事としてハードルが高い、費用がかかるなどと敬遠されがちです。しかし、自分で作った器が使えたり、人に差し上げたら喜ばれたりすることを考えると、とてもお得な習い事だと思います。

大人になると何か物を作る時、上手に作らなければという気持ちが強く働き、楽しむことを忘れがちになっています。誰しも初めは上手には出来ません。何事も続けているうちに上達していくものです。子供は、ハイハイから始まり、つかまり立ちが出来るようになり、ヨチヨチ歩き、そして上手に歩き、走れるようになります。

上達するまでの時間には個人差がありますが、陶芸も同じことが言えます。新しいことにチャレンジすることは、素晴らしいことです。五〇歳だって、六〇歳だって、九〇歳だって、何かをしようとチャレンジした日が、あなたにとってこれからの人生で一番若い日なのです。遅すぎるということはありません。

陶芸は個人の作業です。騒ぐこともなく、一人で作品作りに取り組む時間は、座禅を組むのと同じように頭を空っぽにすることが出来ます。現代のように変化が激しい社会生活をする中で、人は常に何かを考え、無になる時間はほとんどないと思います。それが陶芸では出来るのです、すごいと思いませんか?

陶芸を始めると、食器を作ったら料理を盛れるし、花入れだったら花を飾る楽しみが増えます。また、今流行りのフリマアプリなどで作った作品を販売することだって出来るのです。私のように趣味で始めた後に、陶芸の個展をしたり、人に教えたりすることも可能になってくるのです。

私は小学校の時、作文が苦手でした。しかし、『笑うところに〝あびあんと〟』（陶芸写真詩集）を上梓した時に、好きなことなら書けると分かりました。そして今も楽しく書いています。

多くの失敗や面白い体験をしたからこそ、皆様にお伝えすることが出来ると思います。私の陶芸談、ご高覧いただけたら幸いです。そして笑っていただけたら嬉しいです。陶芸未経験の方には興味を持っていただけたら、また、携わっている方には、その素晴らしさ、楽しさをまだ知らぬ方々に伝えていただけたらと思っています。

もくじ

4 ものを作る 40

5 釉 薬 67

1　二人の先生との出会い

私は二人の先生から陶芸を習った。そのいきさつをお話ししよう。

三〇年くらい前、北千住の読売文化センターで陶芸を習い始めた時の先生が、鳥羽克昌先生。

当時七七歳くらいだったかと思う。眼鏡をかけており、休憩時にパイプで煙草を吸う姿がとてもダンディーで素敵な方だった。

後で知ったのだが、先生は実用的でない「オブジェ焼」を開拓した「走泥社《そうでいしゃ》」の同人であられたのだ。

オブジェ焼とは、造形作家の八木一夫氏の陶土をリング状にしたものに、手足のようなものを付けた作品「ザムザ氏の散歩」のような、実用的でない前衛的な陶芸作品のことだ。

今思うのだが、オブジェ作りが好きな私と先生は、何か見えない繋がりがあったのかもしれない。

先生は私が作品を作っている途中には何も言わず、「いいね〜」とだけしか言わなかった。そして焼き上がった作品を見て「この部分はこれでよかったのかな?」という指導だった。

その時は「先生、作っている途中で何か言ってくれればいいのに」と思っていた。

ところが私が生徒たちに教える立場となって、鳥羽先生の指導法は自分で気づかせるものだと分かった。

陶芸教室に入った当時は先輩たちが大勢いて、作られた作品を見て形や色の勉強をすることが出来た。

ところが二、三年後、先輩たちは梅島にある先生の工房へと移ってしまったので、私は後を追ってそちらに行くことにした。

工房は小さな一軒家で、玄関を入るとすぐに一〇畳くらいのだだっ広い空間に、粘土、釉薬がびっしりと置かれていた。作業する机は、部屋の真ん中、壁際などに置かれ、空いている場所で作品作りをしている先輩たちが六、七名いた。

男性のT先輩は実用的で繊細な作品を作り、女性のI先輩は小さな器に細かい模様を描き入れるなど独自の世界観を持って制作していた。

私は初め、彼らの真似をして滑らかな表面の作品を作って満足していたが、次第に平坦な表面を加工して、凸凹がありインパクトのある作品を作りたいと思うようになった。

先生には「こんなこと聞いたらおかしいかな」と思い、身近な存在の先輩に「作品の表面に凹凸がある、マチエールを出すにはどうしたらよいでしょうか」と質問をした（マチエールとは、作品の肌合いや質感のことで、油絵を描く人は絵の具を厚く塗ったり、削ったりしている）。

ところが、「やったことがないので、分からない」と言われてしまった。

自分なりに工夫し試してみたが、加工の仕方が分からず悶々とした期間がしばらく続いた。

そんな出来事があってから数年後、趣味で始めた主人の写真教室の先生、H氏から「今度作品展があるので、よかったらどうぞ」と案内状をいただいた。

その作品展に行ってみると、写真のほかに書道作品や陶芸作品も飾られていた。展示されていた陶芸作品を見て衝撃を受けた。なんとそこに私が求めていた表現法を使った作品があったからだ。

「私このようなタッチの作品が作りたいんです！ぜひ教えていただきたいです」

と、ちょうど会場に、その作品を作られた池田訓江氏がいらしたので伝えた。六〇代くらいで、パーマをかけロングスカートをはいた、小柄な女性の方だった。火風鼎窯を主宰されているという。

自分は現在、読売文化センターで鳥羽先生に習っていると話した。

すると、

「え～っ！　その先生、私が子供の頃近くに住んでいて、絵を教えてくださった人よ。そんな先生から生徒を引き抜くことになるから絶対ダメよ」

と言われてしまった。

思わぬところで不思議な縁で繋がっていると驚いた。どこでどう繋がっているか分からないものだ。

その後も池田先生に何度となくお願いしたら、やっと一年後くらいに
「鳥羽先生の教室はやめないこと。もし何か聞かれたら池田さんのところに遊びに行ってきましたと言ってね」

との条件つきでお許しを得て、ご自宅の一室で教えている陶芸教室に行くことが出来た。

こうして私は二人の先生の教室に掛け持ちで通うようになった。

好みの風合いを出せるよう教えていただいた私は、もう嬉しくて皿や花器などの作品にマチエールを取り入れるようになった。

池田先生は、絵も描いておられ、朗らかで元気な女性だ。

作る陶芸作品にも絵画的要素があり、色のつけ方、造形の工夫があちこちに見られ魅力的だった。

先生は、作品を作っている途中で色々なアドバイスや修正をしてくれた。

女性ならではのきめ細かい気遣いなのか、或いは私に粗悪な作品を作らせないための心遣いなのか……。

「陶芸は総合芸術よ。器を作るのなら料理も少しぐらい出来ないとね」

と言って、陶芸だけでなく野菜の煮物、ご飯もの、サラダなどの料理も教えてくださった。昼食はお弁当持参だったが、先生が作ってくださった料理も皆にご馳走してくれた。私は昼食前になると、台所で先生の料理作りを学ぼうと手助けをさせていただいた。というのもお恥ずかしいことだが、当時の私は、料理屋の娘なのに料理が苦手でほとんど出来なかったから。

先生の料理を作る手際の良さ、皿と料理のバランス、器に盛った時の食材の色合いの見せ方など学ぶことが多かった。例えば、作った料理にちょっと緑のものが入ると、味覚だけでなく視覚でも楽しめるということも学んだ。それらは私にとって大変役に立つものだった。

こうして二人の先生に出会ってから、陶芸愛が強くなっていった。

そして今は自分の窯を持ち、独自の個性的な作品を作りたいと精進している。

お二人が不思議な縁で繋がっているように、私も陶芸を始めてから色々な人と出会い、世界が広がりつつある。これからも陶芸の魅力や自分が経験したことを伝えていけたらと思っている。

2 陶芸作品が出来るまで

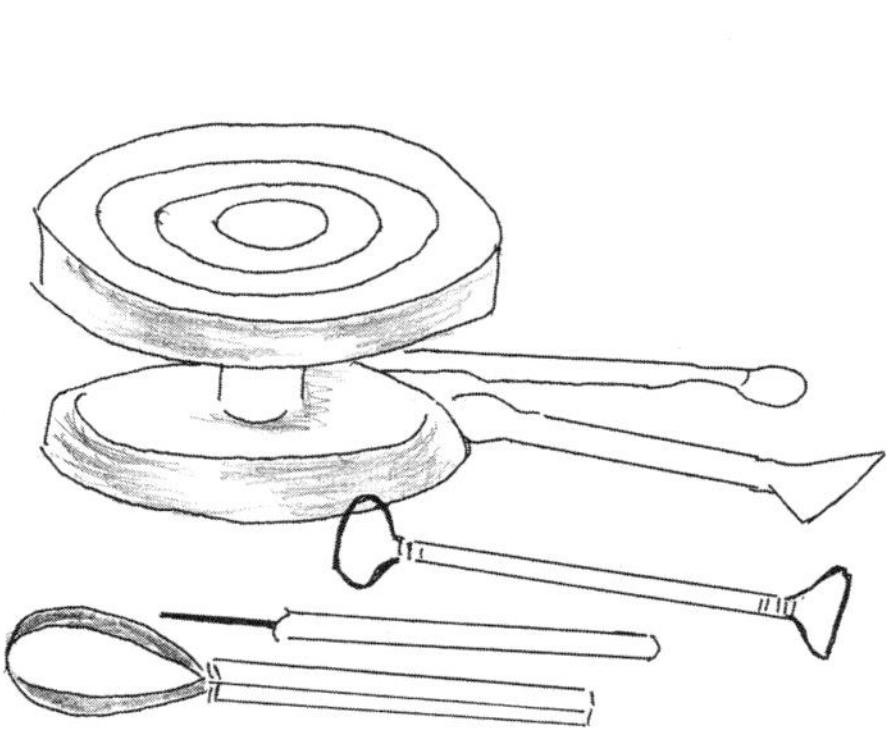

私たちが目にする陶芸作品は、一日やそこらで出来るものではない。粘土を練って作品を作り、焼き上がるまで最低でも一か月はかかる。

陶芸をされていない方のために、私が灯油窯で素焼き、本焼きを行う作業工程を簡単に紹介しよう。

①土を練る

粘土の塊は、そのままでは使えない。塊の外側と中では水分量が違うので、均一にするため、また気泡を取り除くために練る。練り方は荒練り、菊練りなどがある。

②作品を作る

好きな粘土で器やオブジェを作る。電動ロクロを使う方法と、手ロクロを使い、手びねりで作品を作る方法の二つがある。

③高台《こうだい》や作品の分厚い部分を削る

作った作品が半乾きになったら、高台を削ったり、模様を彫ったりする。また、厚みのある部分も削る。

④乾燥させる

掌に載るくらいの小さな作品なら一週間、大きく分厚いものなら最低一か月乾燥させる。素焼きの時に水蒸気爆発を防ぐためゆっくりと乾燥させる。

⑤窯に詰める

同じ高さの作品を一枚の棚板に載せる。棚板を支える耐火性の支柱「ツク」を三、四か所に置き、棚板を積み重ねていく。素焼きの時は、作品が重なっていても問題はない。

⑥素焼き

窯に火をつけ、炎が落ち着いてきたら、窯の扉を閉じる。二〜二・五時間ほどかけ、三五〇度までゆっくり温度を上げていく。その温度になったら、中を覗く穴を全部ふさぐ。その後、ゆっくり温度を上げ、七五〇〜八〇〇度になるまで焼く。終わるまでに七、八時間かかる。温度に達したら、スイッチを切る。この段階になると、もう粘土には戻らない。

⑦窯から取り出す

素焼き後の翌々日の夕方頃になると、窯の中の温度が外気温と同じくらいになるので、作品を取り出す。

⑧やすりがけ
焼き締められた作品に釉薬がのりやすいように、紙やすりでざっとこする。こすった粉が作品に付いたら濡れ布巾で拭いておく。
⑨釉薬掛け
自分が表現したい色をつける。容器に入っている液体状の釉薬は、よくかき回し全体を均一にしてから掛ける。下に沈殿して、なかなか溶けないものもある。釉薬掛けは、ひしゃく掛け、スプレーでの吹き掛け、筆を使って色をつける方法など色々ある。絵付けもこの段階で行う。
⑩窯に詰める
素焼きと同じように窯に詰める。但し、本焼きの時は、作品が重ならないように詰める。というのは、釉薬が溶け作品同士が付いてしまうからだ。そのためには、指一本分くらい入る隙間を空けながら並べる。
⑪本焼き
素焼きと同様に三五〇度までは水分を抜くため、ゆっくりと二～二・五時間かけ焼く。その温度になったら、中を覗く穴を全部ふさぐ。その後、一時間で一〇〇度くらいのスピードで、一二三〇～一二五〇度になるまで、じっ

くり時間をかけ焼く。予定の温度になったら、「ねらし」といって、その温度を一～一・五時間キープする。作品が焼き上がるまで一四、五時間かかる。

⑫窯から取り出す

本焼き後の翌々日の夕方以降になると外気温と同じになるので、取り出せる。取り出した作品は棚に載せておく。

⑬やすりがけ

取り出した作品の茶碗の高台や、花瓶の底などは、砥石や紙やすりでこすって滑らかにする。釉薬が流れ、棚板に付いてしまった部分は、ルーターを使い綺麗にする。

これでやっと作品を皆さんに披露出来るという訳だ。

3　土に触れる

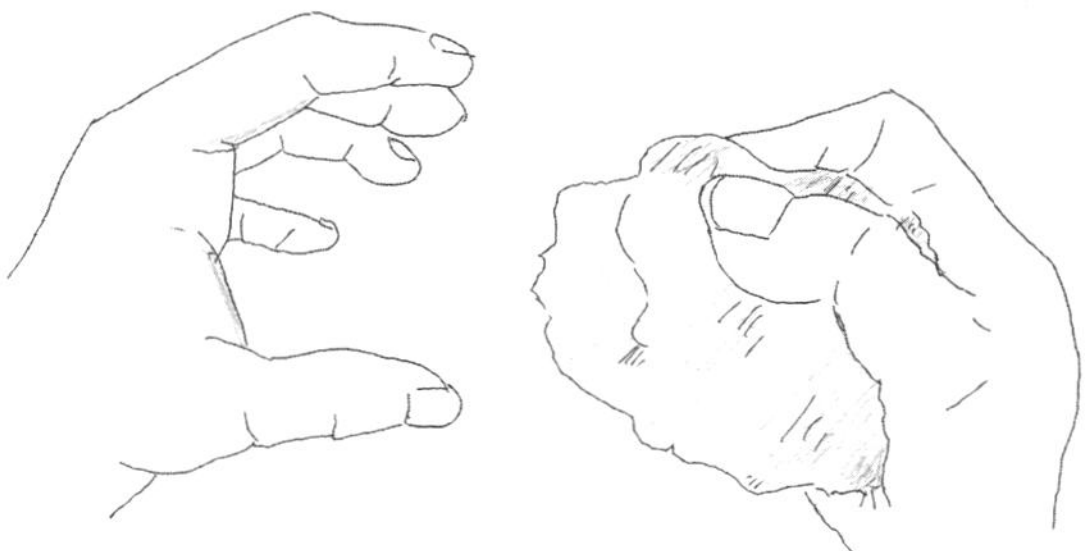

粘土

陶芸で使う土（粘土）は、種類が豊富だ。信楽、美濃、瀬戸、越前、萩など有名な陶業地の土が、今では通販や陶芸材料を扱う店で購入できる。

種類も多く、粒子が粗い、或いは細かいもの、粘りやコシがなく作りにくい土もある。値段も種類によって違い、一kg数百円から五、六千円ぐらいだ。

それぞれの土に同じ釉薬を掛けると、同じ緑でも濃かったり薄かったりと表情が違うので、自分好みのものを見つけるのは楽しい。

大物を作る時は粒子の粗い土を、電動ロクロを使ったロクロ作りでは、きめが細かく適度な粘り気があるものを選ぶと作りやすい。

耳たぶくらいの硬さの粘土は、ひも状にでも好きな形にでもなる。ロクロの上で回転する土を指でつまんで薄くすれば、伸ばすことも出来るなど、粘土は変幻自在だ。

土の触感は、季節や水分量によって大きく違う。冬は非常に冷たく手が凍りつき、身が引き締まる。夏は熱くなった手を冷やしてくれ、気持ちが良い。水分が多いと手にベタベタと付き、扱いづらい。

使い始めは粘性があり、好きな形にすることが出来る。気に入らなかったら、何度でも作り直すことが出来るので気楽だ。

しかし、何回も触りすぎると水分が抜け、パサパサになり、形が作れなくなってしまう。私は、このような状態のことを「粘土が疲れる」と言っている。

そうなったら、粘土の塊を細かくし、水を少しずつ加え、練り直すと元のような状態に戻る。但し、粘り気がなくなっているので、数日間密封容器に入れ、休ませてあげる。その後少量の新しい粘土を加え、練り直すと元気になるのだ。

そんな作業をしながら私はよく考える。人間も疲れたら休むことが必要だ。休むことに罪悪感を感じている人が多いが、充電期間と思って、ゆっくり休むことをお勧めする。休めばパワーアップした自分になれるから。

粘土は私の人生の師だ。

軟らかい粘土

陶芸作品を作る前の粘土捏ねは、全体重をかけ行うので重労働だ。粘土の塊の中と外側の硬さを均一にしたり、気泡を抜いたりするために行う、とても重要な作業だ。

土練りには「荒練り」「菊練り」という二つの練り方がある。

「荒練り」は、両手に体重をかけ、土を押し出すように練る。土が横に伸びたら、伸びた土を真ん中に向けて折りたたみ、縦にして再度練る。この作業を三、四回繰り返す。

一方で土に含まれている空気を押し出すように利き手に体重をかけ、菊の花のようなひだを作りながら練るのを「菊練り」という。これは電動ロクロ、手びねりで作品を作る時に行う。最低五、六〇回くらい練る。

二五年以上も前になるだろうか、陶芸を習い始めた初日、粘土を練るだけで腕どころか全身筋肉痛になってしまった。陶芸って、こんなにも体を使うものなんだと思った。

当時私は、毎週土曜に陶芸教室に通っていた。毎回作品を作る前の粘土練りに苦戦していた。

先生と同じようにやっていても、形にならなかったが、少しずつコツをつかんできた。

菊の花のように練ることが出来るようになるまでに、三か月くらいかかったかもしれない。まあ、陶芸の世界では「土練り三年、ロクロ六年（または一〇年）、焼き一生」と言われるから、すぐに出来なくても仕方がないか（笑）。

菊練りをマスターした私は、一kgまでの粘土を練ることが出来るようになった。まだお茶碗くらいの小さな作品しか作っていなかったので、その量で間に合っていた。

その後、三kgくらいをたやすく練ることが出来るようになったのは、体重が増えたお陰かもしれない。高さが三〇cm以上の大きな壺や花入れを作るには沢山の粘土を練る必要があるので、体重が増えたのはよかったのかもしれない。しかし、ちょっと複雑な心境だ。

私が陶芸を教え始めた一七年前の話だ。

生徒の一人に「先生の粘土、軟らかそう。私の粘土と交換してください」と言われた。

私が練っている粘土を渡すと

「あれ？　おかしいな～。自分の粘土の硬さと変わらないじゃない。先生が粘土を練っていると、すごく軟らかそうに見えるんだけれど」

と笑っていた。

私がリズミカルに粘土を練っているので、軟らかそうに見えたのだ。私も経験したことよ、と思わずニヤリとした。

粘土が上手に練れたら、陶芸の第一段階をクリアしたと言ってもよい。

「次はロクロ成形よ。陶芸の道はまだまだ続くわよ」

陶芸には日々の積み重ねが不可欠。上達への近道はない。早くそれぞれの段階のコツをつかみ、素敵な作品を作ってほしいと思った。

そういう私も現状に満足することなく、精進を重ね、陶芸に取り組んでいこうと心に誓った。

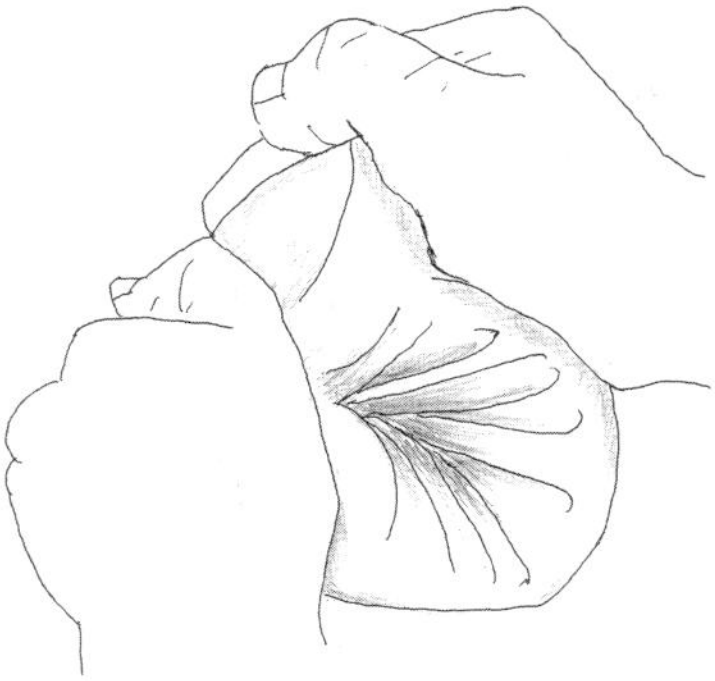

土を食べる

四〇歳頃から趣味で陶芸を始め、五年くらいの間に日常使いの器、カップ、茶碗、皿、花入れなど色々作っていた。その頃の私は作ること自体が楽しく、作品が焼き上がっただけで嬉しく満足だった。

先輩方の焼き上がった作品を見て、自分好みの色合いの作品があると、使った土と釉薬名を聞いて器を作っていた。それをメモしておけばよかったのだが、していなかった。

釉薬や土は、同じ名前でも取り扱っている会社によって焼き上がりの色が違う。白、赤、黒など数十種類の土と何百種類の釉薬の組み合わせは無限大だ。それを覚えるには作って目で覚えるしかない。好みのものを探すのは大変だ。

繊細で実用的な器を作る男性のT先輩から「釉薬を覚えるなら、ぐい呑みのような小さなものを作り、二種類の釉薬を掛け分けして覚えるといいよ」と言われていた。掛け分けとは一つの作品に違った釉薬を上下や左右に掛け分ける方法。釉薬が重なった部分は違った色合いになり、三つの色を覚えられる。

この勉強法で、私も少しずつ釉薬のことが分かってきた。

いつ、どのようなものだったか忘れてしまったが、焼き上がった作品を両親に見せた時のこと。

「お前、土を食べたことあるか？」

と突然父親に聞かれた。

「えっ、何？」

インコ、ネズミ、ゾウが土を食べることは聞いたことがある。それは塩分補給、ミネラル補給、食べて胃腸を整えるためと言われているけれど、人間も土を食べるの？

料理人である父は、若い頃、美術関係の仕事を手伝ったこともあったそうで、物作りにはとても関心があった。父の趣味はヘラブナ釣りで、使う浮きもよく作っていた。クジャクの羽の元の部分を丁寧に磨き、漆を何色か使い、浮き作りをしている姿を何度も見ていた。

何も答えられない私を見て、父は何も言わず、ただ作品を見ているだけだった。

すぐに何故そのような質問をしたのか聞けばよかったが、聞けずじまいで父はガンで亡くなってしまった。

今思うに「陶芸の素材となる土を知らないで作品を作っても土が無駄になってしまう。その土の良さを活かすにはどうしたらよいか、もっと勉強せよ」と言いたかったのではないか。

作る作品がどのような形で、どんな風合いにしたいかによって土選びをすることは大事だ。

それを実感出来たのは父が亡くなって二、三年後、口元が小さく肩の張った壺（口元の直径七㎝、肩部分の直径三八×高さ四〇㎝）を作った時だった。

出来上がった時に、全体が黒っぽく、肩の所々に釉薬が溶け、ガラス状になったものが流れるようにしたかったのだが、なんと粒子の細かい赤土を選んでしまった。

大物を作る時は、粗めの粘土を使うと変形せずに作れるのだが、その時は勉強不足で安易に土を選び、作品を作ってしまった。

作り始めはよかったものの、粘土を高く積み上げるにつれ、だんだんと重量がかかり、作品にゆがみが出始めた。ここまで積み上げたから、壊して作り直すのは面倒。このまま続行してしまおうと思い、なんとか作品を作り上げた。

作品は出来たもののハラハラドキドキものだった。というのも土の重みで崩れる可能性があるからだ。その後崩れることなく乾燥、素焼き、釉薬掛け、本焼きへと進むことが出来ホッとした。

このような大変な思いをしてからは、目指している形や風合いを出すため土選びには慎重になった。

好みの風合いを出すのに一種類の土でよいのか？　それとも土をブレンドしたほうがよいのか？　混ぜた土の比率や使った釉薬名は出来るだけノートに書くのだが、時々忘れる。そして後で後悔する。土の比率が違うと出来上がりの色合いが微妙に違ってくるので、メモ書きは必要だ。

陶芸と、父が晩年まで携わっていた料理とは、似ているところがある。作る手順、分量を書いておけばいつでも同じものが作れる。また基本となる素材を活かし自分好みのものが作れるという点で似ている。

ノートに記入したメモを見返し、自分好みの風合いが出せるよう勉強中の私である。そして今もって土を食べていない私に父はなんと言うだろうか。

粘土遊び

一五年以上前だったかもしれない、我が家に五歳くらいの男の子が遊びに来た時の話だ。

私は大人の両手に載るくらいの粘土を渡して、

「これでお茶椀や動物など、好きなものが作れるよ。何か作ってみる?」

と聞いてみた。

初め、どうしたらよいか戸惑っていたが、そのうち指でつついて粘土に穴を開けたり、工房に置いてある陶芸道具のヘラを使って、包丁で切るような仕草をしたり、手で丸めてお団子を作ったりし始めた。

そこで私は両手を広げ、

「手を合わせて粘土をゴロゴロするとひもになるよ」

と見せると、

「ヘビだ! ヘビだ!」

と言って喜び、ヘビ作りに没頭した。

しばらくすると

「見て、見て、ミミズになったよ」

と、得意げな顔をした。

ヘビの太さより細い。細くするには、今まで以上に力を入れなければならない。しまいには指先で粘土をネジネジして

「ダンゴムシになっちゃった〜」

と言って、ニコニコ顔をした。

テーブルの上に敷かれたA三サイズほどの板の上は、粘土で作ったヘビ、ミミズ、ダンゴムシでいっぱいになった。それを見た子供は、大満足した様子だった。

子供の想像力、創造力に驚かされた一時だった。

私は、粘土をコネコネして、好きなオブジェを作っていると楽しくなり、気分が落ち着いてくる。手が汚れるから嫌と言う人もいるが、私は全然気にしない。洗えばいいことだから。

粘土は、癒やし効果があり、ストレスを吸い取ってくれるようだ。忙しい現代人には、是非触ってほしいと思っている。

粘土遊びは手や指先を使うので、脳が活性化し、想像力増進やアイデア創出に繋がると言ってもよいかもしれない。幼少期の子供やお年寄りには、脳に良い影響を与えることが

実証されているようだ。

私は粘土遊びが好きだから脳は衰えないだろう。いや、老化しないでほしいと願っている。

陶芸エクササイズ

「何でそんなにスタイルがいいの？」

と聞かれた時は、

「陶芸エクササイズしているから」

と笑って答えることにしている。


陶芸は重い粘土を運び、泥まみれになって捏ねるので、元来男性の仕事だった。

一九五七年に坪井明日香の呼びかけで七人の女性陶芸家が集まり、京都で産声を上げ女性陶芸家の集まりが結成された。その後、毎年女流陶芸展が京都で行われるようになったそうだ。

当時は古いしきたりに阻まれ、「女が窯場に入るとけがれる！」と言われたようだ。力仕事である陶芸は体力的にも困難であったが、女性の進出により世の中が大きく変わった。

現代では、建設業、造園業などの分野にも女性が進出し活躍しているが、その当時はさぞかし大変なことだったと思う。

陶芸の世界では「土練り三年、ロクロ六年（または一〇年）、焼き一生」と言われる。焼き物作りの一人前の職人として認められる目安の修業年数という。

この土練りという言葉には、雑用を覚えるというニュアンスも含まれている。土を選る、土を見分ける、成形しやすい土の硬さなどを知る。また、釉薬掛け、窯詰め、窯焚きなど、作陶全般の大まかな知識と技術を習得する期間と言ってもよい。

粘土は塊の中と外側で硬さが違うため、しっかり土を煉らないと作品にゆがみが出たり、素焼きの段階で破裂する可能性が大きい。

硬さを均一にするには、粘土を何十回も捏ねる必要がある。

特に夏場に一度に五kg以上の粘土を捏ねるのは大変だ。捏ねている傍からポタポタと額から汗が流れ落ち、運動をしているようだ。全体重をかけて行っているので「陶芸エクササイズしている」と言っても間違いではなさそうだ。

この頃、一度に大量の粘土が必要な時や土をブレンドする時は、小分けにして行っている。土を混ぜる時は一回分ごとに黒土を一kg、赤土を八〇〇gなどと量り、数回に分けている。これは経験から得た知恵だ。

話は変わるが、陶芸をしている人はそば粉を捏ねるのが上手だ。

以前、陶芸仲間とそば打ち体験をした時に、そば屋の店主から「皆さん、そば粉を捏ねる手つきが良く上手だね」と言われた。

捏ね鉢にそば粉に入れ、少しずつ水を加え、全体重をかけゆっくりと押し出す作業と、粘土を練る動作とが似ているからだ。

もともと陶芸家だった人が、そば好きが高じてそば打ちを始め、そば屋になる人もいるほどだ。打ったそばを自作の器に盛り、お客様に出す。なんと素敵なことではないか。

私はまだそのような店に行ったことはないが、機会があったら出かけたいものだ。

粘土を練ると運動にもなる。作品を作っている時は、座禅を組むと同じで無心になれる。また、手先を使うのでボケ防止となる。そして世界でたった一つの自分の作品が残る。これから何かを始めたい方は、陶芸も一つの候補に挙げてみてはどうだろうか。

陶芸の楽しみ

自分の陶芸窯を持って、早一六年。

どうして、こんなにも陶芸にのめり込んだのだろう。

奥多摩の鳩ノ巣駅近くのカフェで、コーヒーカップを見て「こんなものが作れたら嬉しいなぁ」と思ったのが、陶芸に興味を持った最初であった。それより以前にも陶器を見たり、触れたりしていたはずなのに……。

それはザラッとした土感を残し、内側と口が当たる部分は白い釉薬が掛かった素朴なものだった。

それから間もなく、北千住のカルチャーセンターで陶芸を習い始めた。その時の先生は、鳥羽克昌氏。眼鏡をかけた、ダンディーな方だ。当時七七歳くらいだったかもしれない。

土曜日、教室に行くのが待ち遠しく楽しみだった。同期に入った同世代、三人の女性たちは、手先が器用で上手に作品を作っているので、ちょっと羨ましい気もした。しかし、好きなように作品が作れたので大満足だった。

半年で終わるコースを何期か続けていたが、先輩たちがいなくなり、刺激が少なくなってしまった。それまでは、先輩たちが作った作品を参考にして作品が作れたのに残念だった。

やがて、同期の仲間はそれぞれの事情で陶芸をやめてしまった。しかし私は、先輩たちが先生の工房で続けているのを知り、そちらに移った。

私は続けていくうちに、自分が求めているのは実用的な器だけでなく、オブジェもだと気づいた。

オブジェは、他の誰も作っておらず、先生は「僕の弟子の中で、唯一人のオブジェ作りをする人です」と皆に紹介してくださった。

鳥羽先生は、オブジェ作りの団体、「走泥社《そうでいしゃ》」の同人だったと、数年後に分かった。

先生曰く「オブジェとは、何の役にも立たないもの。役に立つものは、本当のオブジェとは言えない！」とのこと。

そう言われても、作っている時に「もし、ここに穴があったら何かを入れられるんじゃないかな」と思い、使えるものにしてしまう私がいる。

よく皆さんに「どこからそのような発想が浮かんでくるの？」と聞かれる。それは、どうしたら楽しいものが作れるかを常に考えたり、ものを見たりしているからだ。

するとある時フッとヒントとなるものを思いつく。一つのものを作り終えると、次はこんな風にしてみようと、どんどん変化していくのだ。要は、もの作りが好きなのだ。

粘土に触っていると、楽しくて気分が落ち着く。作品が気に入らなかったら壊し、何度でも作り直すことが出来るので気楽だ。但し、それは焼く前のことだけれども。焼いてしまったら、もう直しは利かない。

作ったものを乾燥させ、そのまま焼き固める素焼き。その後、釉薬を掛け焼く本焼き。これらを経て焼き物となる。

焼き上がりが、予想外の色合いになったり、変形することもあるが、それもまた楽しい。職人だったら、常に一定の作品を作らなければならないが、私は職人でないから、そのような事態になってもＯＫなのだ。

こんな調子でものを作り、陶芸の個展をしたり、色々なジャンルの人とコラボレートして楽しんでいる。

手を使うことは、年をとっても脳を活性化させるし、自作の器に料理を盛って食事をすることは最高だ。

子供の頃、泥遊びでワクワクした、あの感覚を思い出してほしい。そして自分が作ったものが、この世でたった一つしかないという喜びを味わってもらいたいと私は思う。

4　ものを作る

決してリバウンドしません

「重いね〜。これで手や腕を鍛えろってて？　まるでダンベルだね」

陶芸を習い始めの頃に長女に言われた。

確かに重いよな〜。でも、ダンベルみたいっていうのは、ちょっと酷くない？　とつぶやく私。

作品の欠点をずばりと指摘されてしまったので、ショックだった。

信楽焼のような赤褐色の地肌に灰釉が掛かった手つきカップ。

大きさは直径九×高さ七㎝で、たっぷり飲めそうだ。形は大満足だが、少々分厚く重い。

当時二三歳だった長女は、ファッション業界で服のデザインをしていて、違った観点でものを見て、普段からハッキリと意見を言ってくれた。現在もその状況は続いている。

当時の私は、器の形ばかり気にして、重さまでは気が回らなかった。それ故、出来上がった作品は、分厚く重いものが多かった。

器が重いと使用頻度が低くなり、食器棚の奥へ奥へと追いやられ、しまいには処分される運命になっていた。

この経験から、教える立場になった時に皆さんに、

「手に持って使う食器は、重いと感じたら出来るだけ削って軽く作りましょう。陶芸作品は削ってダイエットしても、決してリバウンドしないから安心してね」と笑って言えるようになった。

陶器は、薄ければよいという訳ではない。適度な厚みがあることで、軟らかさや温もりが感じられる。

制作中の作品の厚みを見極めるのは、経験がものをいう。

現在、例の重いカップには消臭効果がある炭を入れ、いつでも目につき、手に取れるようにと工房の腰高の窓辺に置いている。失敗を忘れないために。

そしてカップが置かれた棚の右壁には、詩人・書家である相田みつをのハガキが貼ってある。

すっかり日焼けしてくすんだハガキには「体験してはじめて身につくんだなあ」と書かれており、今の私に語りかけているように見える。

覗かないでください

「決して中を覗かないでください」という一場面が出てくる昔話「ツルの恩返し」をご存じだろうか？

私には、それと同じ心境の時がある。

もう一五、一六年ほど前のことだったと思う。

「昼食が出来たよ」と母親が工房に入ってきた時

「中に入らないで」

と言って、追い出してしまったのだ。

私が工房に入って陶芸作品を作っている時、身内にも入ってきてほしくない、いや、見られたくないのだ。

「作っている途中の作品をなのか、それとも作業している姿をなのか？」

と問われるとどちらもだ。

何故、見られるのが嫌なんだろう？

私は「ツルの恩返し」のツルのように、自分の羽根を抜いて作品を作っている訳でもないのに。

「何作っているの？」と聞かれても、ウサギを作っているのがネコになるかもしれないし、出来上がってみなければ、分からない状態だから見られたくないのだ。

また、不安定な形のオブジェを作っている時、両手だけでは作品を支えきれず、足で作品を押さえつけたりすることもある。常に格好良くありたいと思っている私なので、そんな姿を見せたくないのが本音だ。

見られたくないのは、プライドが高いので、失敗したと思われるのがとても怖いからだという説もあるようだ。それも一理ある。

では、どうすれば見られても平気になるのか考えてみた。

①乾燥させているものや一度でも作ったことのある作品なら見られても大丈夫。それならば、色々な種類のものを作っていけばよい。

②見られるという経験を繰り返して、自信をつけていく。要は、経験が少なかったのでは。

という答えが出た。完璧な人間なんてつまらない。欠点があることで親しみやすくなる。そう考えるとちょっと足りない部分を見せたほうがいいのでは…？

これからは、その時の自分、成長していく過程を見てもらおう。いいお年頃になった私が成長？　勿論、背が伸びるということではないが（笑）。

三本足の作品

「芸術とは見えるものを再現するのではなく、見えないものを見えるようにするものである」

と二〇世紀のスイスの画家・美術理論家のパウル・クレーが言っている。つまり、今まで見たこともないものを作り出すことが芸術だと私は思う。

陶芸を始めてから「あなたの作品作りのコンセプトは？」と問われた時、「〇〇です」と言えるようになりたいと思っていた。

今までにカップや皿、茶碗、花器など日常使える器を作ってきた。

ある時、直径六㎝、高さ一二㎝くらいの筒状の花入れを作った。ほとんどの花入れの底の部分は、床にベッタリ付いている形状のものが多いが、「足を付けたら面白いのでは？」と思いついた。

「二本足だと人間みたいでつまらない。それなら、もう一本加え、三本足にしてみよう」

足付きの器を作ったことはあったが、足は小さくて短くバランスのとれたもので、何の問題もなく良しとしていた。足の長さを同じにすると安定して面白みがない。これは器作りで実証済みだ。

そこで、長さを変え、立つようにしてみた。すると動きが出て楽しくなった。こうして三本足の花入れともなるオブジェが誕生した。

陶芸作品という「静」のものを「動」のものへとすることが出来、目指す陶芸による「静なる動」を表現出来たと思った。

器だけでなくオブジェが仲間入りしたことで、「Life における Art の体現」をテーマに活動していると言えるようになった。

三本足にこだわる訳は、自分の名前が「三津江」だからかもしれない。さんずいが二つも付き、書きづらく好きではなかった。その名前の一部の「三」が自分の作品の基になるとは夢にも思わなかった。

日本において数字の「三」は、その読みが「みっつ」であることから、思いや願いが叶うという意味の「満つ（みつ）」や充足を意味する「充つ（みつ）」などと結びつけられ、昔から縁起が良い数字と考えられてきたそうだ。

数字の「三」にパワーをもらった私は、手のひらに載る小さなものから、どっこいしょと力を込め持ち上げなければならない大物まで、色々な形状の三本足のオブジェを次から次へと作るようになった。そして、楽しみながら作ったこれらのオブジェに名を付けることにした。

言葉遊びが好きな私は「あそびあんどとうげい」というワードから「あびあんと」へと変化させた。

「あびあんと（a bientot)」は、フランス語で「じゃ、またね！」という意味で、素敵な時間や楽しい時間を過ごした同士が交わす挨拶の言葉。

作品を見に来てくださった方が「じゃ、またね」と言って帰られ、次回また来てくださるようにという願いがこもった言葉で、作品にピッタリの名前だと自画自賛している。

オブジェ作品を作る時に心掛けていることは、思うがままに作ることだ。

考えれば考えるほど手を加えてしまう。手を加えて作り上げた作品は、綺麗に仕上がっているだけで、そこからは何の面白みも伝わってこない。むしろ子供が無邪気に工作を楽しむようにすると面白いものになってくる。私は作品に綺麗さやうまさを求めているのではなく、楽しさを表現したいと思っている。

それ故、自分が楽しいと思ったことを形に出来た喜びは、なんと晴れ晴れしいことか。「笑うところに福来たる」という。こんな暗く不安定な世の中が続いている時こそ、楽しさは必要だと思う。小さな喜びや楽しさを感じ取れる力は、その人の大きな財産だと思う。

オブジェの「あびあんと」が誕生してから『笑うところに〝あびあんと〟』という陶器写真詩集や『ぷれてり星のあびあんと』という絵本にまで発展した。

そして夢はどんどん膨らんで、あびあんとたちが活躍する物語や図鑑なども作れたらと思っている。

楽しさが伝染し穏やかな世の中になることを願い、また新しい三本足のオブジェ制作に励んでいる私である。

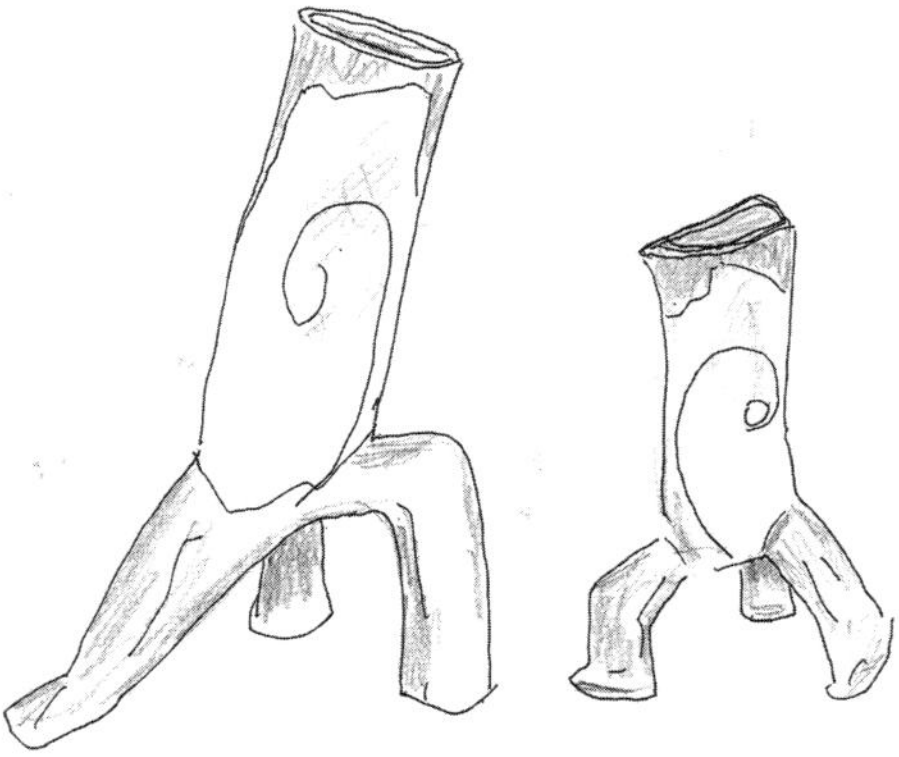

色々な手段

陶芸には、電動ロクロを使う方法と「手びねり」で作品を作る方法がある。

ぎっくり腰を何度も起こしている私にとって、電動ロクロでの作業はずっと前かがみになるため腰に負担がかかるので、趣がある手びねりで作品を作っている。

手びねりでの作り方は数種類ある。

・球状にした粘土の塊の中央に親指を入れ、徐々に広げて形を作っていく「玉作り」。
・ひも状にした粘土を積み上げていく「ひも作り」。
・板状にした粘土から作る「たたら作り」。
・作りたい外形を作ってから中を削り出していく「くり貫き」。

などだ。

粘土の塊同士を付けたい時は、その時使っている粘土に水を加え、マヨネーズ状にしたドベを使う。

ある時、手びねりで作品を作っている数人の生徒に、

「もし、三〇㎝くらいの高さがある、文字や模様の部分をくり貫いた明かりを作るとしたら、あなただったらどう作る？」

と質問してみた。

「私は玉作りが好きだから、初めは玉作りで作り、ある程度の高さまできたらひも作りでやります」

「私はたたら作りを組み合わせて作ります」

「くり貫きで作ろうかなと思っています」

と答えは三人三様だった。

くり貫きと答えた人に、

「沢山の粘土を捏ね外形を作り、くり貫いていくけれど、大変じゃない？」

と尋ねると、

「そうですよね。そんなに沢山の粘土を一度に捏ねられませんよね〜。それならば、最初は玉作りで、それからひも作りで高さを出していきます」

と笑っていた。

「大物を作る時は、くり貫きではなくほかの方法がいいわね。どうしてもこの方法を使いたかったら、作りたいものをいくつかのパーツに分け処理をした後、それらを合体させるという手段もあるわよ」

と、もう一つの手段を伝えると、

「えーっ！　そんな方法もあるんですね」

と驚いていた。

私は結果を出す時は、陶芸だけでなく、生活の場においても、色々な角度から物事を考えてほしいと思っている。そうすることで良いアイデアが浮かんでくるからだ。

「想像＝創造」だと自己啓発のセミナーを受けた時、聞いたことがある。

そのためには、行動を伴う必要があるが、自分なりのやり方を見つけ出すことが大事だ。色々な経験をすることは、自分が目指すものを得られやすくなる選択肢が増えるということだ。経験に勝るものなしだ。

狭い視野で物事を見たり、考えたりすると選択肢が少なくなってしまう。また、凝り固まった考え方からは、新しい発想は生まれないので気を付けたい。

虫のように近いところから物事を注意深く見る「虫の目」と、空を飛ぶ鳥のように、物事を高いところから見る「鳥の目」で見ていくことが大切だ。

器作りでの失敗

もう二五年以上も前のことだ。

陶芸を習い始めて一番最初に作ったのは、ぐい呑みだった。焼き上がったのを見てビックリ。

「え～っ！　こんなにも小さくなっちゃって！」

作品が、一五％ほど縮まっていたのだ。

「出来上がりは、縮まるから少し大きく作るように」

と先生は、おっしゃっていたかもしれない。しかし、私は作品作りに夢中になっていて、話を聞いていなかったようだ。

陶芸は、粘土で作ったものを乾燥させ、素焼き、釉薬掛け、本焼きという工程を経て出来上がる。

それぞれの段階で少しずつ縮まり、出来上がるまでには一五、六％縮まる。

粘土の中の水分量が多ければ縮まる率も大きい。また作ったものが大きい、または長いほど縮みやすい。磁器土や備前《びぜん》の土は二〇％縮むものもあるらしい。

水分の含有量は日によって異なる。粘土を捏ねている時に触感で判断し、どのくらいの大きさで作るか決めるのだ。

経験上、同じ作品を沢山作る時は、出来るだけ同時期に作った方がよい。同じ作品を数日後、或いは数か月後に作る時は縮み具合が多少違うので注意したい。

ちなみに陶芸道具の中に、焼き上がりの縮み率を考え、一一五％や一一六％に割掛して作られた「陶磁器尺」という物差しがある。仮に一〇cmのものを作ろうとするなら原寸は一一・五、六cmにしなければならない。

縮まると頭で分かっていても、いざ作るとなると、目の前にあるものが出来上がり寸法であると勘違いしがちである。

ご飯茶碗が大きなぐい呑みになってしまうこともある。お酒好きの人にとっては、沢山入る器が出来て嬉しいかもしれないが（笑）。

それ故、陶芸の初心者は、作る時大きすぎるくらいに作ったほうがよい。

望んでいた大きさのものを作れるようになるには、失敗を重ねるのが通常だ。

「失敗は成功のもと」と言われている。私も失敗したことで、知識や対処法が身についてきた。失敗を恐れることはないと思う。

陶芸の失敗談は他のページにも出てくるのでご笑覧あれ。

器の高台《こうだい》

高台とは、茶碗、皿などの底に付いている輪や四角の形をした支えの台のことだ。ご飯の熱さなどが直接伝わってこないようにするために作られていると言われている。高台は、器の底であまり気にかけない部分かもしれない。茶道では、お茶を飲んだ後お茶碗を拝見する時、本体はもちろん、裏返して高台やサインも見るなど、鑑賞ポイントとして重要視されているようだ。

高台の種類は多い。

通常見ている輪状になっている「輪高台」をはじめ、56ページに挙げたように様々な形のものがある。調べたらもっと出てくるかもしれない。

高台削りは神経を使う。

器の本体を作り終え、少し乾燥させた後、器を裏返してロクロの上に載せる。底の部分にどのくらいの厚みがあるか、指でトントンと叩き、音で確認して削る。あたかもスイカを買う時に手でポンポンと叩くように。

陶器では厚みがあると、ちょっと鈍い音がする。削って確かめていると音が軽くなっていく。その見極めが結構難しい。まだまだ削れると思って穴を開けることがよくある。私も何度穴を開けたことか。「あっ！」と思った時にはもう遅い。

そうなったら、その部分をふさぐために粘土を重ね厚みをつけ、再度削り直すか、その作品を壊すしかない。

修正するのも神経を使うので、その作品は壊して作り直したほうがよいという人もいる。私もその一人だ。

穴の開いたものは植木鉢になる、なんてこともよくある。私も二〇年くらい前までは植木鉢にしていたが、そんなに沢山の植木鉢があっても仕方がないので、その作品は潰して粘土に戻している。

失敗した作品は、粉々に壊し水を加え練り直せば、粘土に再生出来るのだ。

毎回その作業をするのは面倒なので、私はバケツに崩したものを入れ、ある程度の量になったら粘土として練り直している。その作業も大変だ。水分が多く、ベタベタと手に付き、なかなかまとまらないからだ。

高台作りが不得意な人は、本体部分を作り、後から粘土を底に付け足す「付け高台」という方法もあるのでご安心を。

高台は作る時は大変だが、釉薬を掛ける時指でつまむことが出来、とても役に立つ。

もし高台がないとつまむ部分を欠くことになり、器の裏を指でつまみ、釉薬掛けをする

輪高台
二重高台
三日月高台
ばち高台
切高台
割高台
兜巾《ときん》高台
竹節高台
碁笥底《ごけぞこ》高台
三足高台
丸玉三足高台
四足高台
デザイン高台
二文字高台
切り抜き高台
馬上杯高台
四角高台

＜いろいろな高台＞

ことになる。釉薬で指が滑って落としそうになり、しっかり押さえ込むので指がつりそうになる。

指の跡が残っている器を見たことはあるだろうか。それは多分高台がないのではないだろうか。あえて指跡を残す時もあるが。

TVで、重ねた器の高さを抑えるために、高台をなくした器が出てきたのを見たことがある。一つの器の高台の高さが三、四㎜だとする。五枚重ねると高台だけで、一・五～二㎝になる。その厚みがなくなると、収納にだいぶ差が出てくるだろう。

馬上杯のように足が長い高台は、見た目は良い。しかし足の内側が削られていると、洗って伏せた時その部分に水が溜まり、なかなか乾かないという難点がある。

ぐい呑みくらいの小さな器の場合、足が長く内側が削られていなくても器自体の重量はあまりない。皿の部分が二〇㎝前後の大きな器になると、足もしっかり付けなければならなくなる。足の内側部分を削らないと、かなりの重量になってしまうので、高台の付け方には工夫が必要となってくる。

ちなみに私は大きな器に足を付けたい時は、高台部分の水を抜けやすくするため、切れ込みを入れ「割高台」や、「三足《みつあし》高台」にしている。

陶器は水分を含むとなかなか乾かない。乾燥が足りないとカビる原因となってしまうので、ご注意を！

高台は、その器を作った人の個性が出ていると思う。あなたのお宅にある器をひっくり返して見ると、思わぬ発見があるかもしれない。

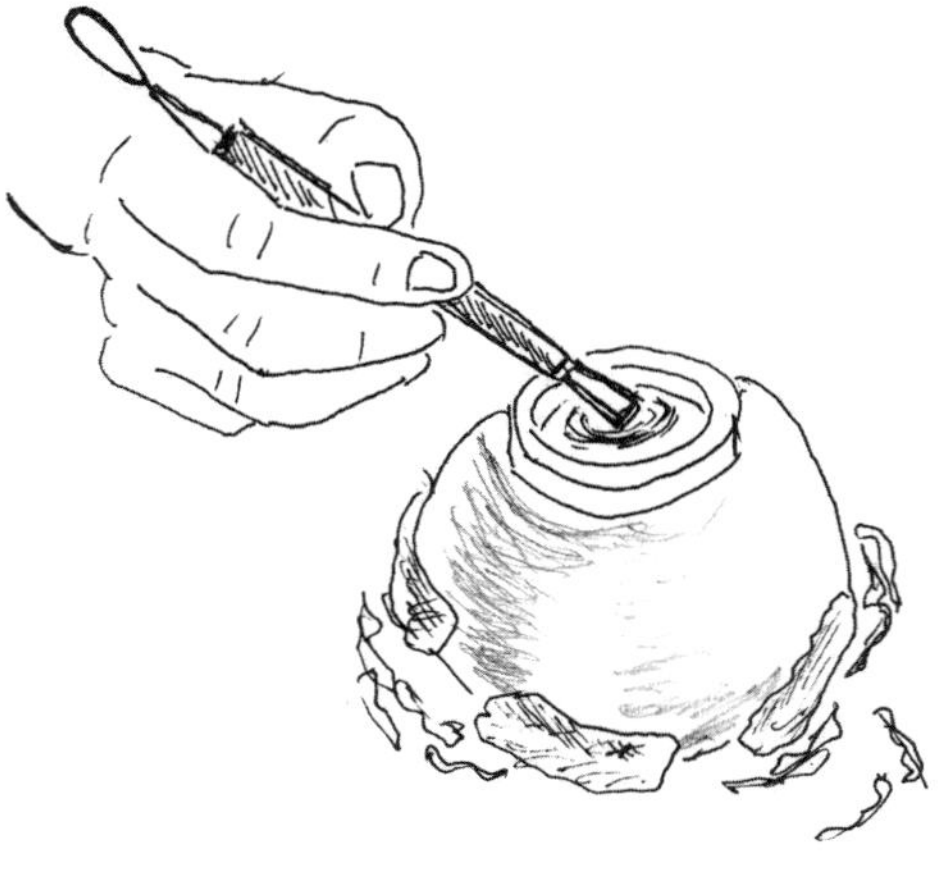

高台付けの失敗から

二〇年以上も前に、綺麗な星形八角形の皿を作った時の話だ。

残念なことにもうその型紙はないが、たぶん色々と計算して型紙となるものを作り、次のように作ったのではないかと思う。

まず、同じ厚みの板状粘土を作る時に使う、五㎜の厚さのタタラ板を使って基となる粘土のシートを作る。その上に型紙をのせ、切り抜く。それを半球状の型にかぶせ、器の本体とした。

高台は、ドーナツ状にした粘土を器の底にペタッと安易に張り付けた「付け高台」で、三枚の皿を作った。

乾燥後、素焼きした作品に白と青銅色のマット系の二種類の釉薬を掛けた。二角に当たる部分は青銅色に、残りは白くなるように掛け分けした。

焼き上がったものをじっくり見た。

本体は綺麗に仕上がっている。横から見てもそんなに違和感はない。しかし、裏を見るとガッカリ、なんともおそまつではないか。大きさはよいが、本体とのバランスが悪くミスマッチだ。

ここで初めて本体と高台のバランスの大事さを感じた。

そこで二か月後、再度挑戦して同じ器を作ることにした。今度は高台の形をよくよく考え、少し足の長いものにした。

高台に高さがあると洗って伏せた時に水が抜けない。そこで、三か所大きくV字に切れ目を入れ、水が抜けやすいように「割高台」にし、二枚作った。

焼き上がった作品を見ると、本体と高台のバランスがとれ、高級感さえ漂わせているようだ。

高台の違いでこんなにも雰囲気が違ってしまうということを立証出来るようにと、食器棚には五枚の皿が入っている。

この皿を作ったことで「高台の形や大きさが、器にどれほど影響を与えるか。そして見えない部分にこそ気を使ったほうがよい」ということを学習した。

器を洗って伏せた時に「へーっ、こんなところにも気を使って作っているのか」と感じてもらえる工夫があると、使う人は楽しいのではないだろうか。そんなことを考え、食器作りでは高台の工夫を心掛けるようになった。そして失敗から学んだことは、次に活かすようになった。

三足《みつあし》高台のメリット

高台の形は、56ページの図で示したように色々ある。私が小さな器を作る時によく使うのは、「輪高台」や「碁笥底《ごけぞこ》高台」、器に威厳を持たせたい時は「ばち高台」、遊びを入れるには「三足高台」と使い分けをしている。三足高台にする時は、丸玉にしたり、四角っぽくしたり、三角っぽくしたりと、器の本体とのバランスを考え、遊び心を入れている。

三足高台が付いた器は、ちょっとした利点がある。それをお伝えしよう。

- 器を洗って伏せた時、器の裏底に水が溜まらず乾きが早い。
- わずかでも高さがあるとテーブルの上で器の高低差が生まれ、テーブルセッティングの時、メリハリが出る。平らな器が並んでいるとノッペリした状態になってしまう。
- 小さな器に足が付いていると横から見た時に可愛い。
- 三点で器を支えているので、安定している。

ざっと考えてもこれだけ良いところがある。

食卓に変化を出すのに足が付いている器を加えてみては？　きっと雰囲気が変わるはず。

我が家の表札

「えっ！　これ本当にご自分で作られたんですか？　立派ですね〜」

二〇年前、陶器で作った表札を外構工事の人に手渡した時の、目を見開き驚いた表情が今でも忘れられない。

家を建て替える時、自分も建築中のどこかで携わりたかった。それで表札を作ることにしたのだ。

表札はこのような手順で作った。

一㎝の厚みのある板状の粘土を変形した楕円形にする。

苗字は竹串でうっすらと下書きをし、金のヘラを使い削っていく。

表札の縁取りは、アクセントをつけるため木ベラを使い、ゴツゴツとさせた。

釉薬は、全体が淡いブルー、苗字の部分は焦げ茶に仕上げた。

出来上がりが、一五％縮んで三六×二〇㎝なので、作った時点ではもっと大きかった。

通常表札は七×一四㎝くらいか、もう少し大きめ。

私の作ったものは、郵便受けの上の埋め込む予定のスペースを広げなければならないほどの大きさだったので、業者の人は大慌てで埋め込む場所の塀を削っていた。

我が家の前には、二車線道路が走っている。これなら四〇mほど先の四つ角の手前で信号待ちしている車のドライバーや行きかう人がチラッと見て気にするはず。

表札の取り付け後は、予想通りだった。目立つので行きかう人たちが立ち止まってまじまじと見たり、主人が門扉の辺りを掃除していると声をかけてきたりしていた。

千葉に住んでいる私の従姉妹たち二人も我が家の表札を見て、自分たちも表札を作りたいと工房にやって来た。私の作った表札は、彼女たちが今までに見たこともないもので、新鮮で好印象だと言ってくれたのは、嬉しかった。

その後、従姉妹以外にも四、五名の人が表札作りにやって来た。

その人たちが作った表札は、どのように飾られているのだろうか、見てみたいものだ。

我が家の表札は、どんな悪天候にも負けず、お客様をお出迎えしている。「我が家の顔」そのものである。

オブジェって

「何であなたは陶器のオブジェ作品を作るのが好きなの？」

と問われることがある。

オブジェとは、日常生活では特に必要とされない彫刻や飾り物などのことをいう。「生活の役に立たない物体だから、器作りの時のように重ねられるように、汁が洩らないように、また、重くならないようになどと、神経を使いながら制作しなくていいから」

と答えている。

よく皆から
「何でそんな風にオブジェ作品が次々作れるの？　あなたの頭の中がどうなっているか知りたいわ」

と言われる。

私だって面白いアイデアがいつも出てくる訳じゃないし、いつでも作れる訳じゃない。いつも「何か面白いことないかな〜」とアンテナを張っているのだ。

出かけたり、友人と食事をしたり、ＴＶを見たりしていると、ある時「これだっ〜！」と思えるようなアイデアを思いつき、物作りへと繋げている。

私は、頭に浮かんだもののデッサンはあまりしない。デッサンすると、そのように作らなければという気持ちが働き、形に動きがなくなり、自分にとってつまらないものになってしまう。設計図がないから、自由に伸び伸びと作品を作っている訳だ。曲がっていようが、多少重かろうが、そんなことは関係ない。まるで子供が泥や粘土で何かを作っているようだと思う。

「あっ！　これ面白いかも」と思う自分の直感を信じて、今まで作ってきたように思える。きっと動物的感覚ではないかな。

何年前だったか忘れたが、青山で陶芸の個展を開いている時、知的障害者の方をお世話している学校の先生がギャラリーを覗いてくださり、

「あなたの作品、うちの生徒たちが作るもののようね」

と感想を述べられ会場を去っていった。

普通の人なら、そんなことを言われたらムッとするかもしれないが、私にとっては褒め言葉で、とても嬉しかった。というのも、そのような人は伸び伸びした字や絵、ものを作っているから。

また、もう亡くなられたが、ある有名な写真家Sさんが私の個展会場にいらしてくだ

さった。

数日後、その方から届いた手紙に「久々に自由奔放な作品を見ることができました」と書いてあった。そのような感想をいただき、とても嬉しかった。

用を成さない、役に立たないオブジェだが、人に何かを訴える力があるのかなと思った。

それにしてもオブジェ作品はかさばり、収納しづらいのが難点だ。段ボール箱に入りきれない作品が、家の中に、外にと置かれている状態だ。家族にとっては迷惑かもしれないが、何も言わず、見ていてくれているので有り難い。

とは言うものの、これからも大人びない、綺麗さを求めない、自由で伸び伸びとしたオブジェ作品を作っていきたいと思っている。

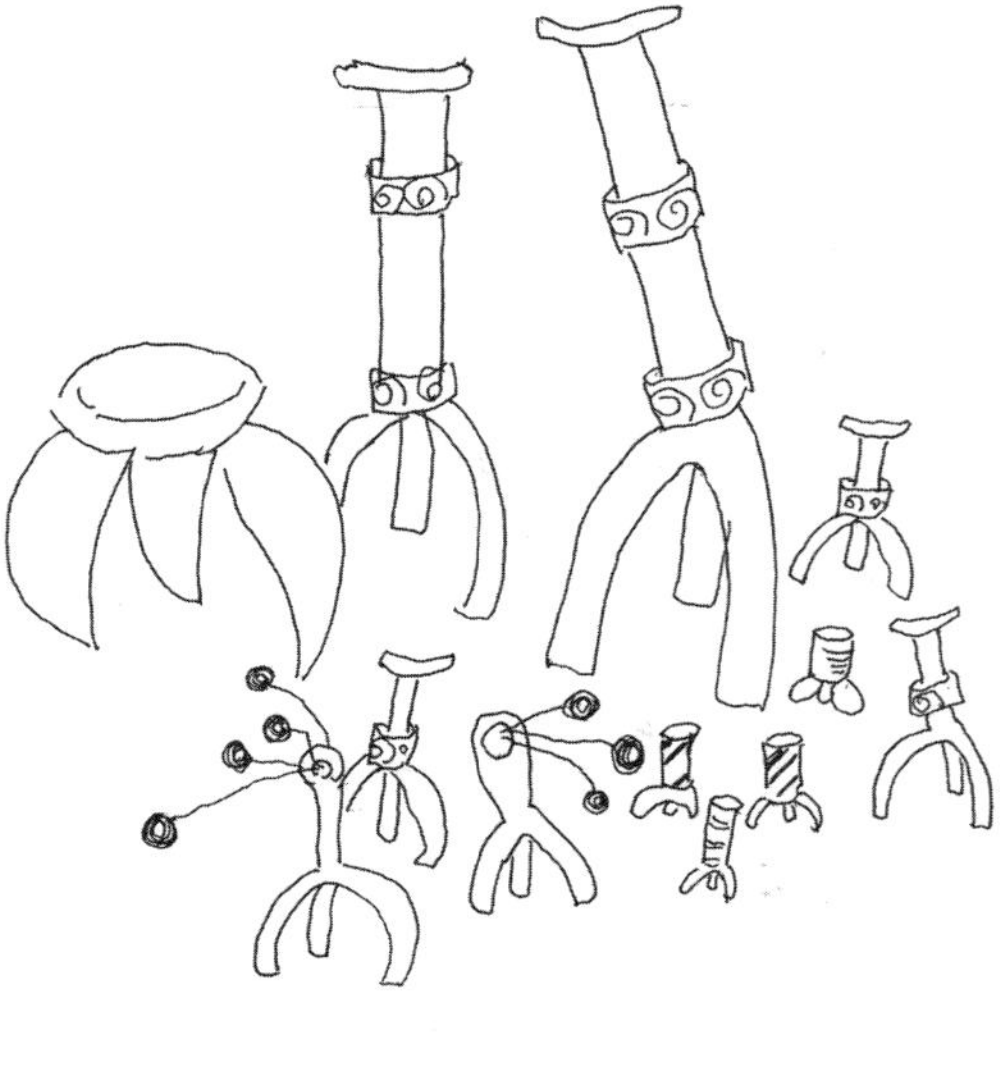

5 釉薬

釉薬って何？

釉薬は、陶磁器の表面を覆っているガラス質の部分。粘土や灰などを混ぜた液体で「うわぐすり」とも言う。

釉薬の役割

・多種多様の色で装飾することが出来る。
・ガラスでコーティングされるので丈夫になる。
・水や汚れを吸収しにくくする。

釉薬の成分

釉薬は、溶かすもの（灰）＋接着するもの（粘土）＋ガラス化するもの（長《ちょう》石《せき》、珪石）＋色をつけるもの（金属類）から出来ている。

簡単に言えば、長石と樹木を燃やした灰を混ぜても釉薬にはなる。

釉薬の色

- 釉薬に含まれる金属が高温で焼かれた時、化学反応でさまざまな色になる。
- 含まれる金属の量で発色が変わってくる。
- 同じ釉薬でも酸化焼成と還元焼成では発色が違う。
- 陶土の種類によっても発色が違う。
- 液体の時と焼き上がりでは、全く色が違うものもある。
- 釉薬の掛ける厚みによっても発色が違う（通常はハガキ一枚分と言われている）。

釉薬の掛け方

- 浸し掛け……しっかり全体が浸るくらいの位置まで作品を沈める。
- 掛け分け……一つの作品に複数の釉薬を掛ける。違う色が重なった部分は、釉薬が混ざり思いも寄らない色に発色する。

・刷毛塗り……筆で塗る。

・ひしゃく掛け……ひしゃくを使って流し掛ける。

・吹き掛け……スプレー、霧吹き、ブラシを使う。

・二重掛け（重ね掛け）……釉薬を掛けた上に違う釉薬を掛ける。

・蠟抜き……撥水材や蠟を筆につけ、文字や文様を書く。蠟の上には釉薬が掛からないので、粘土の生地の色が出る。

釉薬の楽しみ方

・垂れた釉薬の表情を楽しむ。

・貫入を楽しむ（貫入とは、土の部分と釉薬でガラスコーティングされた部分との膨張率の差で、焼き物の表面に出来る小さなヒビのような模様）。

・釉薬の掛け方の違いで色合いの変化を楽しむ。

かき混ぜる

一八年以上前、焼き上がった陶芸作品を見ながら、生徒の一人とこんな会話をした。

「先生、青磁釉《せいじ》だったらマロンベージュの仕上がりになるはずなのに、もっと濃い茶色になっているのですが」

「おかしいわね〜。どうやって釉薬を掛けたの？」

「よくかき混ぜ、作品全部が浸るくらいまで沈め、掛けました。私、この色合いも好きなので、これでもＯＫですが」

彼女は、我が家から歩いて七、八分離れたところでアイスクリームカフェをやっていた。店で出していた直径七×高さ四㎝くらいの小さなアイスクリームカップは、全部彼女が私の窯で焼き上げた手作りの器だ。そのカップが出来た時に見本の色と違うことに気づいたのだった。

その時は、彼女が出来上がりの作品に満足していたので、何故そのような色合いになったのか、あまり探求もしなかった。

しかし数か月後、また同じ仕上がりになったので、どのように釉薬を掛けたか実際にやってもらった。

「釉薬は、こうやってよくかき混ぜました」

と言って、ホイップクリームなどを撹拌する時に手で握って使う、泡だて器をぐるぐると回して混ぜている。

そこで私は、その混ぜたという釉薬が入った容器を注意深く見た。

「分かったわ。よくかき混ぜたと思っていたけれど、底に釉薬が溶けきらずに沈殿し、固まっているわ。沈殿している部分が硬かったから、容器の底だと思ったのね。実は固まった層の上の部分にしか泡だて器が当たっていなかったのよ。それで本来の色合いが出ないで、作品が焼き上がったという訳」

と謎を解いた。

すると、

「本当だ。底の部分、すごく硬いから容器の底だと思っちゃったんですね。それにしても硬いな～」

と言って、固まった部分を削り取るようにして混ぜた。

液体状の釉薬は半年くらい使っていないと容器の底に粒子が沈殿し、カチコチに固まってしまう。また、長石が多く含まれているものは、沈殿しやすいので、使う時よくかき混ぜなければならない。

この出来事があってから、しっかりと釉薬の色を出したい時は、よくかき混ぜる。粘土の生地の色を活かし、作品の表面をザラつかせたい時は、軽く混ぜる。などと工夫すると、焼き上がりの作品の色合いに濃淡が出て、表情が豊かになるということを学んだ。そして釉薬はしっかりとかき混ぜて使うのが当然だという固定観念を捨て、頭を柔軟にしようと思った。

どんな色合いにするか、そのための方法は、その人の経験からでしか得られない。

陶芸を習い始めた二五年以上も前に、陶芸の先生や先輩たちからの「釉薬は目で見て覚えろ」という教えは、「何度も試して感覚をつかむ」ということだ。

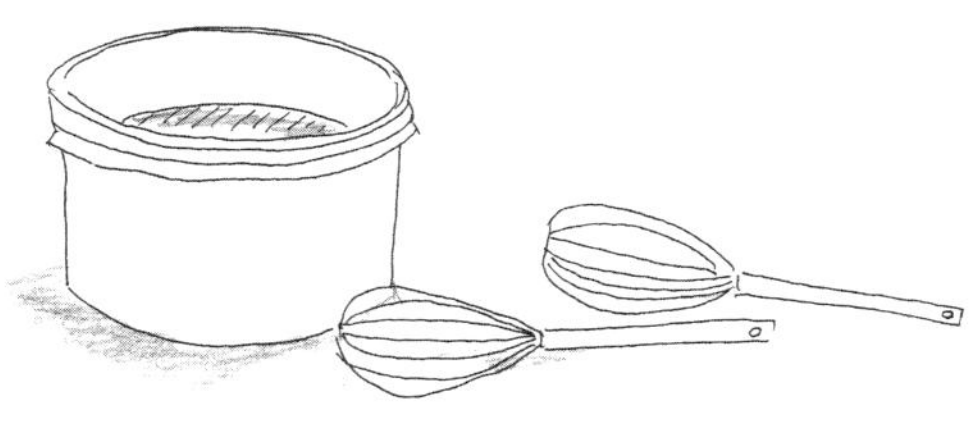

釉薬掛けでの面白い話

ひしゃくや料理で使うお玉に釉薬を入れ、作品に掛ける「ひしゃく掛け」をしている時の話だ。

器の外側全体に釉薬を掛けるには、器を持った手をうまく回転させ、もう片方の手にひしゃくを持ち行う。ちなみに少し手首をひねり、正常な位置に戻すと全体的に掛けられる。体は回転させないで手首のみを回転させて釉薬を掛けてほしいのだが、初心者には難しいようだ。

「手首を回してね」と一言声をかけると、

「はい」

と言いながら、たいていの人は手首を回さずに、体を斜めにしながら釉薬を掛けている。

そして、「練習では出来ていたのに、本番だと分からなくなっちゃう」なんて言う。

普段、手首をひねる作業なんて滅多にないので、出来ないのも当然かもしれない。

そこで私は、

「家に帰ったらお茶碗を伏せ、釉薬掛けの動作の練習をしてね」

と声をかけている。

思いもよらぬ効果

「たっぷり食べた後の吹き掛け、きついわ〜」

と工房の外で、釉薬掛けをしている人の声が聞こえた。

陶芸の釉薬掛けで「吹き掛け」というものがある。口吹き用の霧吹きやエアブラシなどを使って、作品の焼き上がりの色がグラデーションになるようにする方法だ。ロクロの上に作品を置き、釉薬が飛び散るのでその周りを段ボールなどで覆い、ロクロを回しながら吹き掛ける。

口吹き用の霧吹きは、穴が小さく、ある程度強く、長く息を吹かなければならないので、ずっと使っていると、酸欠状態になり頭がくらくらしてしまう。「吹き掛けは、肺活量がものをいう」と言っても過言ではない。

この釉薬の掛け方は、息を吹く「風船ダイエット」にもなるので、一挙両得だ。

6

窯

窯がやって来た

もう一八年も前のことだ。

その日、私は朝からソワソワしていた。というのも、待ちに待っていた陶芸窯が我が家にやって来るのだ。

それまでは先生の工房で作品を作り、一緒に焼いてもらっていた。これからは自分専用の窯で焼けると思うと嬉しく、興奮していた。

陶芸をよく知らない人は、実物を見てその大きさに皆が皆驚く。大部分の人が、電子レンジくらいの大きさだと思っている。

私が使おうとしている窯は、灯油を燃料とする灯油窯だ。

外寸は幅一〇七×奥行一一二×高さ一四二・五㎝。徐々に温度を上げていき、数時間かけ高温にして焼き上げていく。高温に耐えうるため、壁の厚みも一八㎝と分厚く、ある程度の大きさになってしまうのだ。

窯の炉内は大人一人が膝を抱えて座れるくらいの広さだ。

トラックに載せられた窯が到着。大きな箱のような形をしたものにシートがかかっていた。

重量が四七〇kgもあるので、重機を使わなければ当然設置は無理だ。ワイヤーを掛けられた窯がゆっくりとクレーンで持ち上げられ、歩道、ブロック塀をまたぎ、玄関脇のコンクリートで固められたスペースに置かれた。窯を設置した場所に、物置を組み立て窯場とした。

母親、主人は窯も設置作業も見るのは初めて。私も設置する場面を見るのは初めてのことで、作業に見入っていた。

「窯の値段はどのくらいするの？」

「う〜ん、車のことはよく分からないけれど、ちょっとした車が買えるくらいかな」

「何時間くらい焼くの？」

「乾燥させた作品を焼く素焼きで七、八時間くらい。釉薬を掛けてから焼く本焼きは一四、五時間くらい」

「何度で焼くの？」

「素焼きで七五〇〜八〇〇度、本焼きは一二三〇度で焼いているの。本焼きは温度に達したら、その温度を一時間半くらいキープし続け、やっと火を消すことが出来るの。火がついている間はずーっと傍にいて、温度管理や火の調整をするので大変なの」

陶芸の未経験者とはこんな会話をする。


私が灯油窯を選んだのはこんな理由からだ。

陶芸窯には、電気窯、ガス窯、灯油窯、穴窯、登り窯などがある。

電気窯は、部屋に置けるという利点があり、住宅街の中でも焼くことが出来る。マイコン内蔵で、焼成プログラムが組み込まれ、スイッチを押すだけで焼けるというすぐれもの。これは便利だが、なんだか味気ないからボツ。

ガス窯は、プロパンガスを使い怖いので絶対選ばない。

穴窯、登り窯は人家が少ない山間部で何日もかけ作品を焼く。その焼き上がりは、作品の表面に灰やビードロ状の釉薬が掛かり、なんとも言えない風情があり好きだが、都内では焼けないので残念ながらボツとしよう。

残るは灯油窯。燃料は灯油で、穴窯や登り窯と同じように小さな穴から窯の中を覗き、火の調整をしながら焼き上げる。均一的な焼成はしづらいが、趣のある作品となって仕上がり、面白そうなので、これに決定した。

その窯は、玄関脇に置いてあるシャッター付きの大きな物置に入っている。使う時だけシャッターを開けるので、まさか窯が入っているとは誰も思わないだろう。玄関脇に大きな物置があるなんて変だと思わないのだろうか。しかも物置から煙突が出ているなんて。

この窯に「江《こう》の京窯《みやこがま》」と名前を付けた。沢山の人が集まる場所を意味する「京」での三津江の窯という意味で、皆で楽しいことをしようという願いが込められている。

よく「京都の人ですか？」と問われるが、れっきとした東京人だ。

「自分らしい作品とは？」と意識して作品を作ってこの窯で焼き、沢山の陶芸展に出展したり、個展を開いたりしてきた。

窯を持つことで、沢山の人と出会い、楽しい時を過ごせるようになるとは、夢にも思わなかった。窯に感謝、感謝だ。

これからも楽しい作品が作れるよう、また陶芸を通じて新たな出会いがあるようにと願っている。

開けてビックリ

皆さんは陶芸家が、窯から出した作品を叩き割っている場面をご覧になったことがあるだろうか?

それは、満足出来ない作品が作家の手を離れ、独り歩きしてほしくないというプライドからの行動だと思う。ほかの分野の作品は直せても、陶芸作品は焼いてしまったら、もう直すことが出来ない。

本焼きの時、作品がくっついてしまったり、釉薬が流れて取り出すのが大変になったりするなど、ハプニングが起こることがある。

灯油窯で本焼きをする時は、一二三〇度まで温度を上げていくために、酸素を沢山窯の中に送る。それ故、炉内は風が吹いている状態になり、小さく、不安定なものは飛ばされたり、転がったりしてしまう確率が大きい。

一二年前だろうか、球体のオブジェに白い湯呑茶碗が付いてしまったことがあった。一体化した作品が面白かったので、個展会場に展示し、

「窯の中では、人間の力ではどうすることもできない不思議なことが時々起こるんですよ」

とお客様に話した。

また、小鉢に小さな球体が付いたのを友人が面白がっていたので譲ったこともある。

本焼き後の窯の扉を開ける時は、中がどんなになっているか分からないので、毎回ドキドキする。一か八かの賭け勝負のようで、スリルたっぷりだ。破損がなく焼けていればラッキーだし、思わぬハプニングが起き、ビックリ或いはガッカリすることもある。

主人は「素焼きは色がついていないのでつまらないけれど、釉薬を掛け、焼き上がった作品を最初に見られるのは、窯を持っている人の特権でいいね」と本焼きを楽しみにしている。

そんな訳で、素焼きの作品はすぐに棚へ、本焼きしたものは主人が見てから棚に載せるようにしている。


二〇二一年一二月一三日（月）、年内最後の本焼きをした。朝七時半に点火し、火を消すのが夜八時か九時と長丁場となりそうだ。雲一つない晴れだが、風が時々強く吹いている。窯は玄関脇に建てられた物置小屋に中に入っているので安全だ。しかし窯焚きは、火がついているのでやはり緊張する。

私の窯は、直径八×高さ八㎝くらいの湯飲み茶碗だったら、二一〇個、いやそれ以上焼ける大きさだ。個展前だったら、展示会場にある程度の作品数がないと寂しいので、必死になって作るが、それ以外の時はのんびり作り貯めている状態だ。

コロナ禍で自粛生活をしているので、さぞかし沢山の作品を作れたのでは、と思う方もいらっしゃるかもしれないが、出口の見えない不安から制作意欲も湧かず、悶々として作品を作っていた。

そして、今回の本焼きでもハプニングがあった。

東京タワーのように三角形の骨格の部材を組み合わせた三本足の上に、茶筒のようなものを載せた立体オブジェの足の部分が変形し、隣の作品に付いてしまったのだ。付いてしまった作品たちは、どちらも好ましくなかったので金づちで叩き割った。今回のような心境で作った作品では、満足できる訳がない。なんとつまらないものを作り、資源を無駄にしたことかと反省。そして砕かれたものを見て、罪悪感すら感じた。また、今回のような立体は、重量があるほうを下にすれば成功するのではないかと思った。このように失敗から試行錯誤して作品作りをしている。

これからも偶然の賜物と言える作品が登場するかもしれない。ワクワクドキドキがいっぱい。だからやめられないのだ、陶芸は！

窯の中が大変です

もう一五年以上前のことだった。

窯の中を覗くわずか三㎝の穴、色見栓から中を覗いてビックリ。窯の底に小さな破片が見える。ということは、作品が割れた？

焼成している途中で窯の扉を開けることが出来ないので、そのまま続行した。そして開いてもよい六〇度くらいになったので、大急ぎで開けた。

窯の底に破片が散らばっている。どの棚板に載せた作品が割れたのだろう？

扉を開けただけでは、それが分からない。ゆっくりと取り出し作業をすることにした。一番上の棚板に載せた作品は無事だったので、ホッとした。その段に置かれていた作品を取り出し、恐る恐る棚板を出した。

次の瞬間、悲惨な状況が目に飛び込んできた。

その段に置いていた、ちょっと分厚く作った作品が粉々になっている‼

さらにその作品だけでなく、同じ棚に置かれた作品数点にも被害が及び、ヒビが入ったり、欠けたりしている。

割れた作品は気に入っていたので、ショックが大きかった。この段には自分の作品だけ置いていてよかった。もし他人の作品を置いていていたら、巻き添えになっていたかもしれないと思うとゾッとした。

窯の中で水蒸気爆発が起きたのだ。

気を取り直して原因を考えてみた。

①粘土に閉じ込められていた空気の塊が膨張したため。

②素焼きの時に温度を早く上げすぎ、水分が一気に水蒸気になったため。

のいずれかのようだ。

対策として、

①粘土を煉る時はしっかり空気を抜くため菊練りをする。

②水蒸気爆発は、二〇〇〜三〇〇度くらいで起こることが多いので、素焼きの時はゆっくりと温度を上げていく。特に厚く作られた作品は注意が必要。

ということに気づいた。

慣れた時ほど事故を起こしやすい。いつも注意深くいることが大切だということを思い知った。

7 焼き上がりの楽しみ

出番待ち

「今日はこんにゃく、にんじん、れんこん、ごぼう、干ししいたけ、きぬさやを入れた野菜の五目煮を作ろう。器はちょっと深めで、白いものなら野菜の白、赤、茶、緑が映えるかな？　それとも高級感を出すため黒い皿にしようかなぁ。一人用の皿にするか、豪華に見せるため大皿にするか？　さあ、どれにしよう」

器が沢山あると迷ってしまう。こんな贅沢な選択が、当たり前の日常になっている。

陶芸を習い始める前、お手製の陶器の器に料理を盛り、食事をするのは、なんと心豊かで素敵なことだろうと思っていた。

今では、どのくらいの大きさで、どのような色合いだったら、料理が映えるかなと考えながら器を作るのが楽しく、どんどん食器が増えている。

台所に置かれた引き戸タイプの白い食器棚は、器で満杯状態だ。

そこには亡くなった両親が飲食店で使っていた、思い出ある磁器製の食器も入っている。

その食器棚だが、奥行きがあるので、奥にしまうと取り出しにくいのが難点だ。いつも長女に「なんとかならないの？」と文句を言われる。

白、黒、緑、ブルーと色とりどりのお手製の小皿、小鉢、中皿、ご飯茶碗、大皿などは食卓デビューを今か今かと待っている。

これほど沢山あるのに、入れたい大きさの器がないので困る時がある。そんな時は、大は小を兼ねるので、大きな器を使って、皿の余白を見せている。それにより、食べ物も器も引き立つからだ。


盛る料理は、器によって印象が変わってくる。

以前、父の法要で六歳下の妹やその家族と一緒に出かけた。そして帰宅直後に我が家で家飲みをしようという話になった。しかし料理を準備する時間もなく、買ったもので賄った。

焼き鳥は、焼き締め風の板皿に、漬物は、白い釉薬をたっぷり掛けたちょっと湾曲した板皿に三点盛りにした。そしてサラダは、野菜のそれぞれの色が映えるように黒くザラついた大皿に盛り付けして出した。もちろん皿は全部私が作ったものだ。

「すごいね。豪華だね〜」

と言われたが、買ったつまみ物を並べただけだ。

数日後、妹から
「同じものを買い、自分の家にあるヤマザキ春のパンまつりでもらった白い丸皿に盛ったけれど、見栄えだけでなく、美味しさまでも違っていたよ」

との報告があった。

器の力、恐るべし。そんなにも影響があるものなのか……。

芸術家、美食家、料理家であった北大路魯山人は「器は料理の着物である」と言い残している。つまり、器は料理の魅力を引き出し、鮮やかに彩る服のようなものであるということだ。

だから器選びはとても重要になってくる。

特に日本料理は「目で食べる」とも言われている。それ故、料理の色合いや美しい盛り付けが大事だ。

もし私が盛り方が上手だったら、使いこなすことが出来るのだろうが、赤、黄、緑、紫、紺青で塗られた九谷焼のような器は、難しくて使えない。

それ故、自分が器を作る時は、食べ物が入る部分は白や黒などの無地にし、外側の部分に色や絵を入れ遊んでいる。

陶芸仲間と食事に行くと

もうかれこれ一〇年くらい前だったような。

陶芸教室の生徒の一人が
「銀座で魚料理が美味しい店があるので、ランチに行きませんか」

と誘ってくれた。

ビルの五階にあるその店には、中に入るとカウンター席と小さな個室があった。

私たちは五人だったので個室に案内された。

テーブルの上には、取り皿、箸置き、醤油差しが置かれていた。

席に着くなり、それらを観察したり手に取ったりして
「この箸置き、無造作に作られているけれど、白い釉薬が掛けられ、呉須で字のようなものが書かれていていていいね～」

と。

醤油差しは粒子が粗い黒土で作られていて、表面は無釉、醤油が入る部分はしっかり白い釉薬が掛けられていた。

ある一人が初め蓋を取って眺めていたが、裏底が見たくなり持ち上げてしまった。

案の定、醤油は流れ出てしまって
「そうだよね〜。中に入っているんだものね」

と笑って、大急ぎでテーブルの上をティッシュで拭いた。

陶芸をしている人は、老若男女問わず器を見ると、どんな作りでどんな釉薬が掛けられ、裏がどうなっているか知りたくなる。また、指で器をトントンと叩き響きなどを確かめたくもなる。

もしどこかで食事をした時に料理が出てくるたびに
「皿の色合いや作りが……。料理の盛り付けが……」

なんて言っているグループを見かけたら、陶芸に携わっている人たちだろう。

この日の料理は魚のコース仕立てだ。

最初にお造りが、ビードロの掛かった片口大鉢に盛られて出てきた。

「器の色合いといい、形といい、素敵ね」

と器や盛り方などの写真をパチリ。

食べる前に写真を撮るのは大変だ。

うっかり撮り忘れ食べてしまって
「あ〜あ、失敗した。食べちゃった」

ということがよくある。

その後、二五×四五㎝くらいの焼き締めの板皿の上に天ぷら、小ぶりのワイングラスの器に和え物が盛られ現れた。

「こんな風に大きな器にオシャレに盛り付けられたらいいわよね〜」

と言い、またパチリ。

それから魚の煮付けが直径二五×深さ五㎝くらいの織部《おりべ》や志野風の皿で出てきた。魚の手前には、梅干しが添えられている。お魚は水と醤油だけで調理されているというからビックリだ。

次にかけそばが抹茶茶碗のような器に入り登場。

そしてデザートはアイスだった。

リムのある直径一五㎝くらいのガラス器の中央にアイスが盛られ、素揚げされたそば（？）が添えられていた。

見て良し食べて良しの料理だったので、皆にこやかな顔をしていた。

そんな風に人に感動を与えられる器を作れたらよいなと思った。今までの器作りでは、器の色使いは適当で、食べ物を入れた時のことをあまり考えていなかった。食べ物が入ってこそ、器は完成するのに。

美味しい料理、素敵な器は人を幸せにしてくれるということを実感出来た日であった。そして、良い料理とは、また、良い器とは何かを考えるきっかけを作ってくれた日でもあった。

陶器と磁器

「陶器と磁器、どちらが好き？」と問われたら、迷わず「陶器」と答える私だ。

陶器は、「土もの」と呼ばれ、陶土を原料として焼かれたもの。代表的なものとして美濃焼、備前焼《びぜんやき》、益子焼、信楽焼などがある。

吸水性があり、軟らかく、光を通さない。厚みがあることで温もりを感じられる。陶器は野暮ったいという人もいるようだが、持った時に温もりやぽってり感があり、私は好きだ。使うほど馴染み深くなり風合いが増し、器がしっとりと落ち着いてくる。

ただし、陶器にも欠点がある。それは、吸水性があることだ。食器に水分を含み、湿った状態で電子レンジにかけると温度が急激に上がってしまい、割れる可能性が大きい。

そうは言っても、陶器を電子レンジで使いたい時はどうすればよいのか？

①「電子レンジ対応」の陶器を使う。

②冷えきった状態の陶器は、急に温度が上がらないように常温に戻してから使う。

③繰り返して使わない。

このようなことに気を付けて使ったらよい。

陶器の器を電子レンジにかけた時の面白い話を聞いたことがある。

「醤油味の料理を温めたら、数回洗って使っても醤油が滲んできちゃって」とか。

「カップで牛乳を温めたら、器は熱くなったけれど牛乳自体はあまり熱くなかった」とか。

私は試していないので、どのくらいの時間、電子レンジにかけるとそのようになるか、分からないが。やはり、電子レンジにかけるのはやめたほうがよさそうだ。

一方の磁器は、ガラス質の長石《ちょうせき》や珪石が主成分の磁土を焼いたもので、「石もの」と呼ばれる。有田焼、九谷焼、砥部焼やドイツのマイセン、フランスのリモージュなどがある。

吸水性がないので電子レンジにも使える。但し、金銀の絵がついているものはやめたほうがよい。

器が薄いほど上品かつ綺麗で高級感が漂っている。スベスベした地に絵や線が描かれた器は素晴らしい。でもそれをずっと使いたいかと言われたら、「う～ん……」となってしまう。磁器の器を作っている作家さん、ごめんなさい。個人的な意見だが、綺麗すぎるのです。

でも磁器の器も我が家にとって、必要不可欠な品だ。

電子レンジで食べ物を温める時には磁器の器を使う。そしてその温まった料理を陶器の器に移し替え使うからだ。ちょっと面倒という人もいるかもしれないが、このほうが陶器は長持ちする。

これからもこのような使い方をして、食生活を楽しみたいと思っている。

「あなたは陶器と磁器、どちらが好みですか？」

陶器の扱い方

今お使いの陶器の器、どのように扱っていますか?

もうすでにご存じだと思いますが、このようにすれば長持ちするという工夫を改めてお話ししましょう。

・使い始めは「目止め《めど》」をする。
鍋にお米のとぎ汁と器を入れ、一五〜二〇分ほど煮る。お米のでんぷん質が器の粗い目に入り、穴をふさぐ効果がある。ただ水の中で煮るだけでもOK。土鍋を使う時は、しっかりやったほうがよいと言われている。この作業が終わったら、水でしっかり洗い、乾燥させることが必要。

・料理を盛り付ける前、水にさっとくぐらせる。
温かい料理の時は、ぬるま湯に。冷たい料理の時は冷たい水に。汚れ、匂い移りを防げる。特に揚げ物を盛り付けたい時は、やったほうがよい。そうでないと器に油のシミが出来てしまう。

- 揚げ物などの料理は、器に紙を敷く。油が器に浸み込みにくくなる。
- 汚れた器を水が入った洗い桶に入れっぱなしにしない。汚れたものを放置しておくと、匂いが移る可能性があるので、なるべく早く洗う。
- 洗う時は、食器用の中性洗剤、スポンジを使う。器は優しく丁寧に洗い、洗剤の成分が残らないように、しっかりとすすぐ。
- 洗った後は、よく乾燥させる。表面は乾いていても、中には水分が含まれている。そのままの状態だとカビの原因となる。高台のある器は、高台を上にして器を少し傾け全体を乾かすようにする。
- 収納時、重ね方に気を付ける。

重ねて収納したい時は、和紙、キッチンペーパーなどを挟むとよい。

•粒子の粗い陶器は、テーブルを傷つけるので、ランチョンマットなどを使うとよい。

•電子レンジでの使用は、なるべく控える。ヒビが入る原因となってしまう。

•万が一陶器に匂いがついてしまったら、レモンを絞った水に入れ、二、三回煮沸する。それでも取れなかったら、重曹を水に溶かしたものに一日くらい浸して洗い流す。

陶器はデリケートです。丁寧に扱っていくと器は使い込まれて育っていきますよ！

陶器ってすごい

普段何気なく使っている陶器だが、「陶器ってすごいなぁ」と改めて感じることがある。それは「陶器が多孔質である」ことに由来している。

つまり、素地内部に目に見えない小さな隙間が多いということ。隙間が多ければ空気が溜まり、保温性や断熱材の働きをするという訳だ。

だから、夏場、仏壇の中の陶器の花瓶に入れてある花が長持ちする。ガラスの花入れだと水に浸かっている部分がすぐヌルヌルし、花がダメになってしまう。陶器製のものはヌルヌルするが、花持ちがいい。

それに、熱いものを入れた器でも持ちやすく、中のものが冷めにくい。この利点は抹茶茶碗や土鍋などで活かされている。

そして、陶器の中でも、特に備前焼はビールが美味しく飲める。泡がクリーミーになり、ビール自体がぬるくなりにくい。備前焼は、表面に目に見えないほどの小さな凸凹があり、釉薬が掛かっていないので、浸透性があり、遠赤外線効果で味がまろやかになる。「備前焼の水瓶、水が腐らぬ」と言われているほどだ。

備前焼以外の通常の陶器でも、ちょっと時間をおくと味が変わる。私は日本酒を飲む時、まろやかさを求める時は陶器を、生の味わいを楽しむ時はグラスをと容器を変え、楽しんでいる。

最後に、陶器はデザインが個性的なものが多いので、普段作っている料理、買ってきたお惣菜を盛り付けると華やかになる。

これだけ私たちを楽しませてくれる陶器って、本当にすごい!!

窯開きのもてなし

二〇年くらい前のことだ。

自分の窯開きの日に、陶芸の恩師である鳥羽先生、池田先生のお二人を自宅にお招きしようと計画を立てた。

ところが困った。恥ずかしながら、その頃の私は料理屋の娘でありながらも料理があまり出来なかったのだ。

変な話だが、お招きする一か月ほど前に料理が得意な池田先生に

「お越しいただく当日どんな料理を出そうか迷っているんです」

と相談した。

すると、先生は私が料理が苦手なことを知っていたので、

「それなら私の知り合いの豆腐屋さんで扱っている刺身湯葉が美味しいから、お取り寄せすれば一品になるわよ」

と教えてくださった。

当日は、母親に得意の五目チラシを作ってもらい、吸い物、刺身、そしてお取り寄せの湯葉でもてなした。

五目チラシは、父親が料理屋をしていた時に使っていた、中が黒塗りのチラシ用の寿司桶に綺麗に盛った。

刺身は、あえて分厚く湾曲させ作った白い器に盛ってみた。

湯葉は、手前の左下側は赤く、ほかの部分は黒い釉薬を吹き掛けた、長方形の皿に盛り付けして出した。

その湯葉だが、大豆の甘みが強く、とろりとした口触りで極上の逸品と言えるものだった。わさび醬油をちょっとつけいただくと、美味しくて言葉にならないほどだった。

この日は私にとって初めてのもてなしで、大事な人を招くという緊張感はあった。しかし、目的を果たせたという満足感と達成感を味わうことが出来た。

今思うに、これを機に自分で作った器に料理を盛り、お客様をもてなす楽しみに目覚めた気がする。その後、知人たちから料理を教えてもらったり、料理本を見て勉強したりしたことで、少しずつ出来るようになっていった。その結果、まさか私が知人たちを招いて食事会や飲み会を開くようになれるとは、亡き両親ですら夢にも思わなかっただろう。

8 作品展

春の兆し

「春の兆し」は、二〇〇四年、全国陶芸公募である「彩陶展」に出展し、「さいたま市長賞」を受賞した陶芸作品のタイトルだ。

「春の兆し」という言葉には、次のような意味を込めた。

①自分の陶芸生活がこれから本格的に始まるという予兆。

②凍りつく寒い冬から手足を思いきり伸ばせる暖かい春がやってくるように、私も活動的に陶芸をやっていきたいという願望。

③緑や白い釉薬を使って焼き上げた作品の色合いが、雪解けした大地から若芽が出始め、緑が次第に濃くなり、植物で覆われていくようなイメージだから。

これらを総合して付けたものだ。

陶芸をやり始めてから初の応募で、受賞出来たので、感慨深いものがあった。

この時ほかの受賞者の作品は、綺麗で整ったものだった。私の作品は、拙さは残るが型にはまっていない、綺麗に作りすぎていないなど、ほかの作品にはない奔放さがあるので、選ばれたのではないかと思う。

「三足高台《みつあしこうだい》」を付けた直径四〇×高さ一六㎝の器だ。

一cmの厚さのタタラ板を使い、板状にした粘土を直径五〇cmくらいの半球状の型にかぶせ、本体を作った。

高台は、本体が大きいのでしっかり付けなければならない。考えた末、ドーナツを半分に切ったような形のものを三か所に、後から付ける「付け高台」にした。

本体に高台を付け、ひっくり返し全体のバランスを見る。全体がフラットだとインパクトがない。

そこで本体の縁部分は綺麗に仕上げず、山脈が連なっているかのように波を持たせた。高台部分は、本体に合わせゴツゴツした印象を与えるため、ヘラで凹凸を入れ加工した。

釉薬は、雪の部分は白いもの、緑の部分はグリーンになる織部《おりべ》釉を使うことにした。

釉薬は、器を回しながらひしゃくで流し掛ける「ひしゃく掛け」「流し掛け」という技法を使った。自然の流れが生み出す変化に富んだ模様になるからだ。

左手で器を抱え回しながら、右手で掛けるのだが、大きさが大きさだけに重量もあり大変だった。思わぬところに流れてしまわぬよう細心の注意を払いつつ大胆に掛けた。

賞をいただいたことで自信がついた。その時は、後に、陶芸の個展や、園芸家、料理家、音楽家などとコラボレートした催し物を展開するようになるとは思わなかった。

この作品は、私の陶芸生活においてまさに「春の兆し」そのものであった。

何焼《なにやき》ですか？

「この焼き物は何焼ですか？」

陶芸の個展会場で器を展示発表していると、時々聞かれることがある。

「自分の窯である『江《こう》の京窯《みやこがま》』で焼いているので、江の京窯焼かな」

と答えるようにしている。

この○○焼というのは、物流がスムーズでなかった時代、産地特有の土、窯、技法など、各地のこだわりを形にしていたので一般的な名称だった。

例えば、愛知県常滑《とこなめ》市だったら、常滑焼《とこなめやき》。岡山県備前《びぜん》市だったら、備前焼という風に。

しかし近頃では簡単に色々な土地の土や釉薬を手に入れることが出来る。陶芸をする人は、自分の気に入った粘土や釉薬を仕入れ、独自の世界観を表現している。

ところで、皆さんはどこの焼き物がお好きだろうか？

九谷焼、萩焼、有田焼などとよく耳にするが、私は三重県の伊賀焼や滋賀県の信楽焼が好きだ。

これらの焼き物は、薪を使って高温で焼かれたもの。陶器に降りかかった灰が緑のガラス質、ビードロになったり、灰かぶりになったりする。また、炎によりゆがみや焦げなどの表情を見せてくれる。まさに「炎の芸術」と呼ばれる焼き物だ。

自分の窯では、何日も火を焚き続けることが出来ないので、よりいっそう魅力を感じる。

しかしそれらの焼き物に近いようにと工夫はしている。

例えば備前焼や信楽焼風の焼き締めの作品を作る時は、サヤ鉢の中に炭やもみ殻を入れ、作品に景色をつける。また、松灰を塗ったり、吹き掛けをしてビードロのような雰囲気を出したりもしている。

器を作る時は、料理を盛ることを考え色付けもしている。

盛り方が上手だったら、色々な色を使うかもしれないが、私は得意でないので、料理が入る部分は出来るだけシンプルに白、黒、緑などの無地にしている。そして外側に、色を使ったり、絵を描いたりして遊びを入れている。

器と料理の関係性は奥深いので、まだまだ勉強しなければと思っている。

個展

「個展」とは、一人で開く展覧会のこと。

その人の個性や作品のテーマなどをアピール出来る場となり、自分の作品だけでその会場を演出出来るのはメリットだ。自由に作品を発表出来る場なんて、なかなかない。グループ展だと作品数も限られてしまうし、一緒に行う人との調和もとらなければならなくなる。

しかし個展は、会場費、ＤＭ作成費、作品運搬費、ＤＭ郵送代など一人で負担しなくてはならないというデメリットもある。

私は個展を器中心或いはオブジェとの二本立てで行ってきた。

器展示の場合、会場の中央にテーブルクロスをした小さなテーブルを用意し、皿、カップなどの器をセッティングした。壁面に他の食器類を展示したこともある。

オブジェ展示の時は、美術館でよく見かける展示方法、数台の腰高くらいの台に作品を置き、スポットライトをしたこともある。

どんな作品を展示する場合でも平坦に並べるのではなく、高低差や空間を意識している。

個展の会期中に色々なことがあっても続けたいと思うのは、自分の作品を改めて客観視できるからと楽しいから。

これからもやりたいな～。でもその前に資金と作品を蓄えなければ。

個展の準備から終了に至るまで

①期間を決める

②会場探し

私が会場を選ぶ基準の一つは、外の光や風を感じられるところであること。会場全部が壁で囲まれていると閉鎖的で息が詰まる気がするからだ。

人気のあるレンタルギャラリーは、予約が取りづらい。一、二年前に予約することもある。東京の銀座で一週間で三〇万円くらい。ギャラリーの広さにもよるが、都心から離れるほど値段も下がる。

③ＤＭ作り

ＤＭに載せる写真を撮る。個展名、写真、期間、会場、住所、電話、地図、作者名などのレイアウトを考える。

ゲラ刷り（試し刷り）する。校正後、印刷する。

④ＤＭ発送

個展の二、三週間前に届くようにする。

⑤展示販売する作品の準備

⑥値段付け
一作品ずつ値段を書いたシールを貼る。出展作品の値段表を作っておく。
⑦作品の梱包
一作品ずつ新聞紙やパッキンなどでしっかり包み、箱に詰める。
⑧会場へ作品搬入
運送屋などに頼み、会期前日に作品群を運ぶ。
⑨飾り付け、設営
机や小道具類を使い、作品を見やすいようにセッティングする。
⑩展示、販売
会期中はお客様の対応、接待をする。
⑪最終日に残った作品の梱包
⑫会場から搬出
運送屋に運んでもらう。
⑬一、二週間後にお越しくださった方々への礼状
このような手順で一、二年前から準備をして、終わったら片付けや礼状出しと忙しい日々を過ごしていくのだ。

個展であった笑える話

〈その一〉

まず礼状だ。個展終了後、礼状を出していたのだが、ある時から会場でハガキを手渡すことにした。というのも芳名帳に書かれた字が達筆すぎ、読めないものが多く苦労していたから。事前に毛筆で書いた「遊」という字を印刷し、ハガキにしたものを作っておいたのは、正解だったかもしれない。個展のたびにそれを渡していたら、あるお客様から

「私、このハガキ持っているわ。これ何枚か集まると、作品が安く買えるの？」

と笑って言われたので、

「五枚集まったらネ（笑）」

と。

〈その二〉

青山のギャラリーのテラスで、恩師の鳥羽先生と話をしていたところ、初めていらしたお客様から

「出展している作品、あの男性が作られたかと思ったわ」

と言われた。そんなにも私の作品、力強かったのかな〜。

〈その三〉

二〇一七年に行った『笑うところに〝あびあんと〟』出版記念の個展の時は、大変だった。いつになく忙しく、毎日お客様の接待や個展期間中でのパーティの準備などで神経や体力を使っていたので、個展終了後に帯状疱疹になってしまった。この病気は、体の免疫力が下がった時になるそうで、まさにその通りだと思った。お盆の時期で自宅近くの病院が休みだったため、タクシーで遠くの病院に行く時も痛くて痛くて泣けるほどだった。個展が終わってからでよかったと思った。

初めの一歩

二〇〇四年の初めての陶芸の個展は、やること全てがまるっきり初めてで戸惑った。

展示会場は？

タイトルは？

ＤＭの写真はどうしたらいい？

どこの印刷屋に注文したらいい？

見栄えのする展示方法は？

展示会場は、会場を借りると費用がかかるので、自宅で行うことにした。作品作りをしている四畳半ほどの工房、八畳のリビング、テラスの三か所が、会場となる。

タイトルは、自分の成長を見ていただくために「ありのままで」とした。

写真は、趣味で写真教室に通っている主人にお願いすることに。五〇～六〇枚撮った中から、器の一部を写したものをセレクト。

一〇〇〇枚のハガキを地元で印刷物も扱っているはんこ屋さんに注文した。この店なら注文時、対面で色々な話が出来、相談にのってもらえる利点がある。なので、値段は少々高くつくがその店に決めたという訳だ。

一番頭を悩ませたのが、展示だった。

わずか金、土、日の三日間だが、自宅という日常生活をしている場での作品展は、思いのほか大変だった。生活感を感じさせるものは布で覆い隠したり、元気いっぱいのネコが、押し込められた部屋から出ないよう注意したりと気を使うことが多かったから。

作品を展示する時は、工房に沢山ある棚や、リビングで毎日使っている大きなテーブルを使った。そしてテラスでは、父から譲り受けた一五㎝の厚みで二mほどの長い板を使った。

では、どう作品を置いたらいい？

自宅近くに住んでいる、趣味でバードカービング（一つの木片から鳥を彫り出し彩色した）をしている五〇代くらいの男性から、

「作品展示は高低差をつけると、立体的になり、見やすく、見栄えがするよ」

とアドバイスを受け、器や花瓶などを並べた。

作品を棚やテーブルなどの上に置き、ディスプレイするとなんとか様になった気がした。

しかしリビングは作品展示で占領されてしまったので、家族にとっては不自由な生活となってしまった。

展示会の三日間は、慌ただしく過ぎた気がする。地元の人、陶芸仲間、身内の者など、沢山の人が来てくださった。私は知人の協力のもと、お客様の接待だけに専念することが出来た。

誰しも初めてのことは、要領が分からずアタフタしてしまう。私も同様だったが、考えていたことは全てクリア出来た。しかし、全力でやってしまったので、後が大変だったけれどもね。

初めての個展で

「生活をしている空間での作品展示会は大変。会場は吟味して行おう」

という教訓を得たのであった。

燃え尽き症候群

あなたは「燃え尽き症候群」を知っていますか？

何かに没頭した後、心身の極度の疲労により燃え尽き、何もやる気が起きなくなる状態のことだ。

実は私、二〇〇四年の陶芸の初個展が終わった後、その状態になってしまったのだ。

それまでは陶芸教室展では参加するのみで、言われるがまま動いていた。

ところが、自分一人での作品展は勝手が違った。企画、準備、接待とやることがとにかく多い。

個展が始まる一年前ぐらいから終了まで、色々なことに全神経を集中し、全力を尽くしてしまい完全燃焼してしまった。

その結果、自分でもビックリしたのだが、個展後の一か月くらい、ただボーッとしているだけで、何かをする気力すら薄れてしまった。

後で調べたことだが、「燃え尽き症候群」になりやすい人というのは

• 仕事や課題に対してまじめ

• 完璧主義者

・時間を忘れてのめり込みやすい
・仕事や課題に取り組む時間とプライベートの時間の境界があいまい
・他者の評価や対応に傷つきやすい

とあった。ほとんど該当するじゃないか……。だからその状態になってしまったんだと納得。

この経験から、手を抜くのではないが、力の入れどころを考え、物事をやる。自分の生活ペースを乱さないようにする。ということを学んだ。

そしてそれまでの「何故、そのようになってしまったのか」から「どうすれば良くなるか」へと考えを向けるようになった。何故、どうしてと考えるとどんどんと深みにはまってしまい、そこから抜け出せなくなるというのが分かったから。そして何か夢や目標があると立ち直りが早いということを身をもって立証出来た気がする。

こうした経験があったので、次の個展ではうまく事が進み、無事終えることが出来た。

燃え尽き症候群にならないためには、何事もほどほどにということなのかな？

値段付け

陶芸作品を展示販売する時、いつも頭を悩ませるのが値段付け。

ものを作り販売している方々は、どのように値段を決めているのだろうか?

私は、どうも値段設定を安くしてしまいがちだ。芸術とは、そのようなものではないと分かりつつも、主婦感覚で、自分だったらこの金額だったら購入するなと。しかし、それは適正価格とはいえないだろう。

絵画の分野では、号あたりの値段を設定し、発表する品の号数をかけて計算するそうだ。例えば、一号が五万円なら、四号だったら五×四＝二〇万円といった具合に。当然ながら知名度が高ければ、値段は上がる。

陶芸作品の場合はどうだろう?

一つの作品が出来上がるまでには、時間もお金もかかる。

その作品が完成するまでに考えるための時間、実際に制作に要した時間から割り出すと、時給一〇〇〇円だとしたら、どのくらいの金額になるか?

材料費は?

光熱費、水道料金などの経費は?

作品梱包代金は？

など、全てひっくるめて計算し、一個あたりの作品の原価を出す。販売価格は、その原価の三、四倍が適正のようだ。

材料費、梱包代などは、買い物をした時のレシートがあれば分かるが、自分の費やした時間や経費などは忘れがちだ。

私が最初に陶芸作品を展示販売したのは、もう二五年以上も前、陶芸の恩師、鳥羽先生も参加されていた展示会だったかと思う。

オープン前にディスプレイしている時、先生が私の出展しているオブジェ作品の値段シールを見て
「ちょっと安すぎるな。もう少し高くしたほうがよいのでは？」

と言われた。

先生に言われ、確かに出来上がるまでには考えるための時間、制作に要した時間もかかっている。でも、値段を上げるだけの価値はあるのか？

などと考えると、頭の中はもうパニック状態だった。

オープン前のわずかな時間内だったので、大急ぎで一〇〇〇円くらいアップした値段にシールを貼り替えた。

また、棚貸しのレンタルスペースで作品販売することになった時、値段を付けられず困っていたら、その店のオーナーが決めてくれた。付けられた値段は、納得出来るものだったので有り難かった。

ある時、絵画のグループの人たちと展示会をし、最終日に参加されていた会員の一人が、私の作った小さな置物を気に入って購入したいと言ってきた。

その会は、展示発表が目的で販売が目的ではないため、値段は決めておらず困っていると「三〇〇〇円では、どうかしら？」と提案してくださった。

その作品に、それだけの価値があるのか？

それともお付き合いとして、その金額が妥当？

などと考えたが、いずれにしても気に入ってくださったことが嬉しく、その金額でお譲りした。

このように値段付けが苦手だから、誰か決めてくれないかな～。でも、安く付けられたら嫌だよな～と作品を展示販売する時に思う。

自分の中で、基準となるものはいくらとし、値段を考えたほうがよいのかもしれない。

そこでこう考えた。

オブジェ作品は、作るまでにかなりの時間をかけて考えているので、値段は少々お高めに。そして茶碗や皿などの日常使いする品物は、二〇〇〇円前後にして購入しやすいようにしよう。

今はこうして、値段付けの方向性が決まってきている。

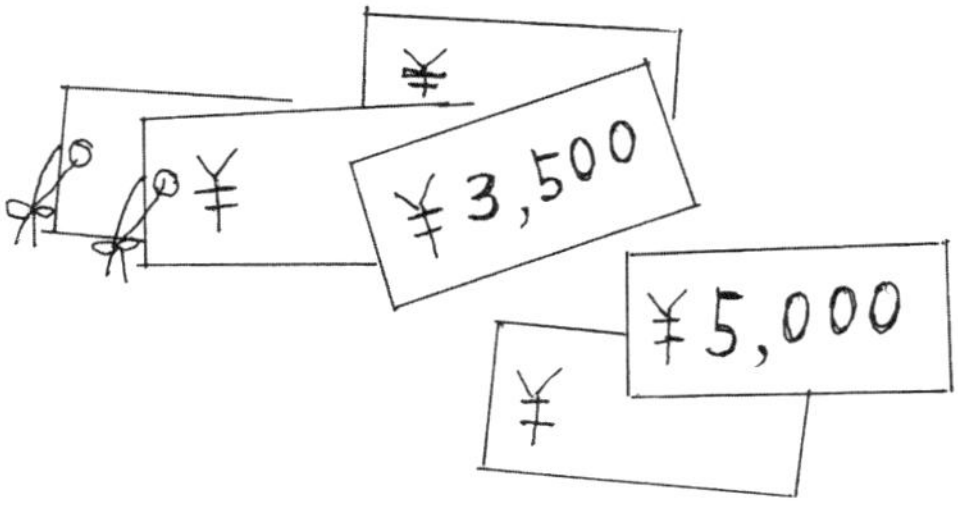

撮影

二〇一一年、青山で「土のかたち」というタイトルで陶芸の個展をした時の話だ。

それまでは個展のＤＭの写真は、主人が撮ってくれていた。

ところが膝に支障をきたしてしまい、立ったりしゃがんだりして、写真を撮るのが難しくなってしまった。

それなら自分で撮るしかないと思った。

というのもプロのカメラマンにお願いすれば、出張費、撮影費などがかかり、高額になってしまうから。今まで撮ったことがない私が撮れるだろうか？

個展の開催は五月。

案内状には季節を感じられるよう、青空の下、草が芽吹く自然の中で作品を撮りたいという願望は大きい。

自宅から歩いて一五分くらいのところに、野原のような広い公園がある。そこだったら、たぶん草が伸び始めているのでは？

二五㎝以内の大小様々な球体の陶芸作品を段ボール箱に詰め、自転車の前と後ろの荷台にくくりつけ、公園へ向かった。車の運転はもとより自転車にすら乗れない私は、荷物が落ちないよう注意深く、ヨロヨロしながら押していった。そして主人には見ているだけで、写真を撮るのは私という条件で付いてきてもらった。

撮影したのは二月。

日差しは温かくなってきたが、まだ肌寒い。

公園内の草もあまり伸びておらず、黒い土が見えている。

まだ早かったのかな？　と思いながら、草が伸びているところを探し回り、撮影出来そうな一角を発見。

作品を並べ、上から斜めからと撮ってみたが面白みがない。

そこで私は用意してきたレジャーシートに腹ばいになり、地面すれすれにカメラを持ち、顔をシートに押し付けながら撮ってみた。

「いい感じ！」と、その体勢で二〇～三〇枚、シャッターをきった。

家に戻り写真を確認。

「草むらの中に巨大な球体が横たわっているように見える。これなら皆が驚くはず」というのを見つけた。

自分が撮った写真が、狙い通りに面白く撮れたので満足した。

この個展の案内状は、気合を入れ作ってみた。

ハガキサイズではなく、A四サイズにし、件の写真を全面に入れ、タイトルも自分が毛筆で書いた文字を使った。

　案内状が出来ると、とても良い出来だと自画自賛出来た。

「今回の作品、クレーン車で運んだのですか？どこにあるのですか？」

と会場に到着したお客様方から次々に聞かれたほどだ。

　この個展を機にして少しずつ自分で写真を撮るようになった。それも簡単なデジカメで。それ以降撮った写真の一部は、後に出版される『笑うところに〝あびあんと〟』（陶器写真詩集）にも使った。

『ぷれてり星のあびあんと』出版記念の個展が終わって

「今回、果たしてお客様に来ていただけるのだろうか?」

陶芸の個展の案内のハガキを書きながら不安に思った。

コロナ禍で二〇二〇年の春から秋に延期したものの、まだ感染者数は横ばい状態である。いくら注意しても感染する人もいる。

会場の入り口に「手指の消毒、マスクの着用をお願いいたします」の貼り紙や消毒液、マスクをしないでいらした方の予備用マスクも準備しなければ。

自分は開催する数か月前から、期間中は絶好のコンディションでいられるよう体調管理はしているものの、もし家族が感染したらどうしようという不安もあり、今まで以上に神経を使うことになりそうだ。

二〇〇四年に自宅の工房で初めて行ってから九回目となる今回の個展は、三本足のヤキモノ、あびあんとたちが活躍する絵本『ぷれてり星のあびあんと』出版記念として行うものである。本に登場するキャラクターの基であるヤキモノを披露する場となる。

今回初めて挑戦したものがある。それは会場を絵本の世界観が感じられるように演出することだ。

そのため、入ってすぐのところに手描きのイラストを貼り、お客様をお出迎えしよう。しかし、絵を描き、色塗りしたものの、満足感が得られなかったのでアウトラインだけにした。ところが白壁にそれを貼っても面白みがない。それで若草色や紺の麻布を壁に重ねて、その上に絵をのせてみると絵が生き生きとしてきたではないか。

星形に切った色紙も壁に貼ってみよう。しかし、ここでもまた問題が。というのも、綺麗な五角形の星や瞬いて見える星を作るのは適当に切っただけでは難しい。結局ネットで「星の折り方」を検索して作ることが出来た。

円盤形をした宇宙船のピアスも作ってみよう。

陶芸用粘土だと重みが出てしまうため、軽く仕上がるという木の粉から作られた粘土を使った。

しかしこの粘土、粘り気がなく、小さなパーツを付けるには扱いづらく、作るのが大変であった。

二、三日乾燥させた後、アクリル絵の具で絵本に出てくる宇宙船「イクチュ」のような模様を描き入れた。色付けしたものにピアスの金具を付けると、なんとも可愛いアクセサリーが誕生。

最後にワイヤーアートで星や宇宙船も作ってみよう。これらは一筆書きのようにしなければワイヤーの端が出て危ない。そこで紙に一筆書きで描いて練習してから作った。今回はまるで幼稚園の発表会のようだ。子供にも大人にも楽しんでもらうのが目的なので、これらの作業をしている時、今まで感じたことがない満足感を得た。

「私はものを作り上げる途中段階が好きなんだ」と改めて思った。

展示会場の中央は、本に登場してくる宇宙船やキャラクターたちが楽しそうにしている様子が分かるように配置した。また、それを取り囲むように「陶花」と名付けたワイヤーを使った赤い実のようなもの、ツンと伸びた多肉植物のようなものなど、陶器の植物を飾ってみた。

さて、こうして全てが整った会場にいらしたお客様は、立ったりしゃがんだりしてキャラクターたちを見たり触ったりしていた。そしてマスクをしていてもにこやかな表情をしているように見えた。

今回はコロナ禍でわずか三日間の開催だったが、予想以上のお客様にお越しいただいた。

作品を見た後「楽しかった～」と言って帰られたことは、私にとって最高の称賛であり、嬉しいことだった。

「次はどんなものを見せてくれるんだろう」という期待感を持ってもらうことが私の楽し

みである。

「みんなを巻き込んで楽しいことをしたい」ということから始まった作品展や催し物。ワクワク、ドキドキさせられるような作品をこれからも作っていきたいと思う。

「さて、次はどのような作品で皆を楽しませようかな」

9　これからの陶芸

続いている訳

どうして今なお陶芸生活に没頭しているのか、その訳を思いつくままに挙げてみた。

①粘土を捏ね何かを作っていると、頭を空っぽにすることが出来る。
②粘土を触っていると癒やされる。
③何もないところから形にすることが出来る。
④何を作ろうか考えている時間が楽しい。
⑤作って気に入らなかったら潰し、壊した粘土の塊に水分を加え、練り直すとまた作れるところがすごい。
⑥職人ではないので、同じ作品を作らなくてもよい。
⑦オブジェは使えなくても作っている時が楽しい。
⑧釉薬は、よく溶いたものとそうでないものでは色合いが全く違うので面白い。
⑨同じ釉薬でも粘土の種類によって色合いが違うのが面白い。
⑩作りながら仲間とお喋りをするのが楽しい。
⑪本焼きの作品がどんな風に焼けているのか、陶芸窯の扉を開けるのが楽しい。
⑫自分の窯があるので、好きな時に焼ける。

⑬上手に出来た器を使うのは気分がいい。
⑭作った作品を見て、「すごいね。素敵だね」と褒めてもらえると嬉しい。
⑮作った作品を気に入って、購入してもらえると嬉しい。
⑯作品は、作り始めから出来上がる（焼き上がる）まで時間はかかるが、待っているのも楽しい。
⑰この花入れには、どんな花を入れようか考えるのが楽しい。
⑱花入れに差した花が長く咲いていてくれるので嬉しい。
⑲個展をすると、会場にいらした見知らぬ人とも出会えて嬉しい。
⑳陶芸を教えている時、どうやったら、その人が希望した作品が作れるか一緒に考えるのが楽しい。
㉑作った作品をどこに飾ろうか考えるのが楽しい。
㉒作った器に料理を盛り、気の合う仲間たちと飲み食いするのが楽しい。
㉓陶芸仲間と器や空間演出が素敵な店で食事をするのが楽しい。
㉔自分で作った作品を飾った空間で、お茶や食事が出来るのが嬉しいし、心地良い。
㉕食器棚には、作った作品がいっぱい。「こう作ったんだよな」とか「大変だったよな」と、思い出すことが出来、懐かしさを感じられる。

㉖割れたり、もういらない作品を再利用する方法を考えるのも楽しい。
㉗思い通りの作品が作れなくても、それなりの作品だったらよいと思える。
㉘作った作品は残る。
㉙差し上げた作品を「よく使っているよ」と言ってもらえるのが嬉しい。
㉚どのカップで飲もうかなとカップを選ぶのが楽しい。
㉛作った植木鉢で植物が成長しているのを見るのが楽しい。
㉜作ったネックレス、ペンダントを着け出かけた時、「それ、いいね」と言われると嬉しい。
㉝陶芸を通じて知り合いが多くなった。
人によって感じ方は色々だが、これらは私が感じたものだ。ちょっと書き出しただけでもこんなに出てきたのは驚きものだ。これからも楽しく陶芸を続けていきたいと思っている。

陶芸生活のアップデート

二〇二〇年頃、コロナ禍で生徒も少なくなったので、陶芸教室を閉じ、陶芸そのものまでやめてしまおうか、それともまだ使える灯油窯を壊れるまで、大変な思いをして使い続けるかなどと心中穏やかではなかった。

しかし、冷静になり考え直した。

粘土に触れ、作品にならずとも何かしら作っていることで、不安の解消や気分転換が出来たことを思うと、ここで陶芸自体をやめてしまうのは違う気がする。陶芸のように私を満足させるものは、ほかにあるだろうか？

いや、ない！

大きな灯油窯に自分だけの作品を詰め焼くのが大変なら、窯を小さくすれば中に詰める作品数も少なくて済む。さらにそれが電気窯だったら、ちょっとは気楽になるはず。

そこで電気窯を使っている陶芸仲間数名に相談。

すると皆から、

「スイッチを入れパターン選択すれば、焼成プログラムが組み込まれているので、自動的に焼き上がるから楽」

との答えが戻ってきた。

これなら好きな陶芸を年老いても続けられると思った。

私に決断の機を与えたのは、「二〇二二年八月より粘土や、釉薬、陶芸窯など、扱っている全品を値上げする」という陶芸業者からの一通のお知らせだった。

粘土だったら一〇〇〇円単位なので、値上がりしてもさほど苦にならない。しかし、窯となったら一〇〇万単位と、私にとってものすごく高価なものなので、それが値上がりしたらもうお手上げだ。購入するなら、今しかない。

早速業者に連絡を入れ、相談にのってもらった。

既存の灯油窯の引き取り、新たな電気窯本体の料金、窯の運搬・設置費、それに電気窯が使えるように家全体のアンペアを高くする電気工事費など、合わせるとかなりの金額となった。

陶芸業者と契約を交わすも、コロナ禍で物流が滞り、窯を作る部品が手に入らないという。こんなところまで影響が及ぶのかと驚いた。

そんなこんなで窯設置までに半年以上もかかり、待ちに待った電気窯がトラックに載せられ、小雨降る中やって来た。

窯を新しくしたことで、私の陶芸生活はアップデートされた。

朝早くから夜遅く火を消すまで、火加減調節でピリピリ神経をとがらせていた本焼き。それがスイッチポンで、焼き上がるまで調節しなくて済むのでとても楽になった。しかし今のところ心配なので、一応二時間おきぐらいで窯の様子をチェックしている。

焼き上がりは、灯油窯の不安定で趣のあるものから、一気に均一的で面白味が少ないものへと変化してしまった。

例えるなら、土鍋や薪で炊いたご飯と、電気釜で炊き上げたご飯くらいの差があるが、これからも陶芸を続けられるのは嬉しい。

私は今年で七〇歳。あと何年くらい作品を作っていけるだろうか？

気の合う仲間たちとお喋りをしながら土に向かうのは楽しい。これからは電気窯の特性を活かし、作品を作っていきたい。そのためには、まだまだ勉強が必要だ。そして陶芸未経験の人たちに陶芸の楽しさを伝えていくことが、私の元気の源になっている。

あとがき

よみうりカルチャー北千住で、高橋うらら先生の「楽しいエッセイ教室」を受講してから、長年携わってきた陶芸の楽しさを文章にしてみたいという気持ちが強くなりました。

そのため2年くらいかけ自分が経験したこと、面白い出来事を書いてみました。一気に書いていないので、内容が重複する部分もあります。教室の受講生の方々や先生から沢山のご意見や感想をいただき、とても励みになりました。ありがとうございました。

先生のご紹介で、銀の鈴社から本を出版することになり喜んでいた矢先、ガンが見つかり入院することになってしまいました。

2か月にもわたり、抗がん剤投与と放射線治療をしました。長く、つらい入院生活でしたが、退院して元気になれば夢にみていた本が作れると思うと、きつい治療にも耐えることが出来ました。叶えたい目標があることは、エネルギー源になるということを改めて実感しました。

1日かけて行う抗がん剤投与の日は、歩き回ることがあまり出来ないので、ベッドで本に載せる絵を描いたり、筆ペンを使い左手で文字を書いたりしていました。

本のタイトルは詩人・書家である相田みつを風に、趣きのある文字にしたく左手で書いてみました。

陶芸作品を作ることと本を作ることとは分野は違っていても制作表現することには変わりなく、とても楽しい時間を過ごすことが出来ました。

高橋うらら先生と出会えたことで、楽しく文章を書くことが出来るようになりました。

この本は先生の熱心なご指導と的確なアドバイス、そして銀の鈴社の編集長であられる西野真由美様の懇切丁寧なご助言があってこそ、仕上がったと言っても過言ではありません。感謝申し上げます。そして温かく見守ってくれた家族にも感謝です。

この本を読んで下さった方々にとって、陶芸が楽しみのひとつになることを心から願っています。

二〇二四年　九月

佐藤三津江

著者紹介

佐藤三津江（さとう　みつえ）文・写真・絵

1953年東京生まれ。料理屋『大観』（無名時代の横山大観より名前をいただいたもの）の娘として育つ。和洋女子大学文家政学部英文学科卒業。

1998年頃から陶芸を始める。

2004年『江《こう》の京窯《みやこがま》』を開窯。以降個展、グループ展など数多く行っている。

自作の器と料理のコラボレーション『Bon appe亭』を主宰。

「LifeにおけるArtの体現」をテーマに、料理研究家、園芸家、華道家、及びミュージシャンなどとコラボレートしてヤキモノの楽しさをアピールしている。

現在は依頼を受け、障害者の施設でも陶芸の楽しさを教えている。

主な著書は、陶器写真詩集『笑うところに‘あびあんと’陶に遊ぶ』や絵本「ぷれてり星のあびあんと コロンたびに出る』など。

NDC 914
神奈川　銀の鈴社　2024
140頁　18.8cm（だから陶芸はやめられない！）

銀鈴叢書　ライフデザインシリーズ　2024年9月30日初版発行
定価：本体2,200円＋税

だから陶芸はやめられない！

著　　者　佐藤三津江©
発 行 者　西野大介
編集発行　㈱銀の鈴社 TEL 0467-61-1930　FAX 0467-61-1931
〒248-0017 神奈川県鎌倉市佐助1-18-21
万葉野の花庵
https://www.ginsuzu.com
E-mail info@ginsuzu.com

ISBN978-4-86618-168-4 C0095
落丁・乱丁本はお取り替え致します

印　刷　電算印刷
製　本　渋谷文泉閣